KB212434

행복한
동행

행복한 동행

초판1쇄 2019년 8월 30일

지은이_ 임교희

펴낸이_ 채주희

펴낸곳_ 엘맨출판사
서울특별시 마포구 신수동 448-6
TEL : 02-323-4060, 02-6401-7004
FAX : 02-323-6416
E-mail : elman1985@hanmail.net
www.elman.kr

출판등록 제 10호-1562(1985.10.29.)

값 12,000원

ISBN 978-89-5515-660-7

행복한
동행

임교희 지음

엘맨
하나님의 사람을 만들어 가는 E L M A N

"주님, 제가 무엇을 할 수 있을까요?"에서 나는 "내가 주와 함께라면 무엇을 못할까요?"라고 바꾸었다. 이것은 나의 영적인 주소, 내가 서 있는 자리가 어디인가를 말해주는 나의 신앙 고백이다. '영성'은 내가 입문하여 걷고 있는 영역이다. 나는 영성을 통해 '행복한 동행'을 하고 싶다. 동행에도 여러 종류의 동행이 있다. 한쪽이 일방적인 임의 동행, 레벨이 맞지 않는 보호차원의 동행, 강제성을 띤 동행과 같은 불균형의 동행이 아니라 내가 소망하는 행복한 동행은 서로의 부족함을 채워주고 나의 가진 것을 나누어주며 서로를 향한 애틋한 사랑이 있는 동행이다. 사람은 각자 대상은 다를 수 있지만 누군가와 동행을 경험하게 되고, 그 동행을 통해 인생을 배운다. 그러나 누구와의 동행이냐에 따라 동행의 깊이는 다를 수 있다.

「행복한 동행」이라는 타이틀로 한 묶음의 책을 만들어 본다. 지금까지 6권의 책을 부끄럽지만 공유했다. 오랜만에 다시 용기를 내보는 것은 더 깊은 영성에 도전하기 위함이다. 영성은 누구를 위한 것이라기보다 나 자신의 삶의 매듭짓기이고 새로운 도전이라고 할 수 있다. 특히 「행복한 동행」이라는 타이틀은 삼위일체 하나님과의 동행이고, '24개의 영성'은 앞으로 내가 기도의 골방으로 들어갈 영성의 큰 도전의 발판이 될 것이다. 새롭지만 좁은 길, 좁은 길이지만 소망 찬 위대한 길을 꿈꾸기 때문이다. 지금까지 하루하루 삼위일체 하나님과 동행했던 흔적들을 모아가면서 나의 신앙의 변화와 성숙도를 체크하는 시간이 되었고, 내가 서 있는 지금 이 자리가 얼마나 소중하고 행복한지를 느끼면서 감사하게 된다.

인간에게 가장 큰 지혜와 축복은 하나님을 아는 것이고, 그 하나님과 내가 관계하는 것이다. 하나님과의 관계 속에서 친밀도만큼이 나의 성숙이었고 행복이었다. 나를 위한 하나님, 내가 중심이었던 믿음이 이제는 하나님 중심의 믿음으로 변화되었다. 또한 진정한 나를 찾아가는 영성이 나를 지으신 하나님의 창조 목적이었음을 깨닫고, 더 깊은 동행을 꿈꾸며 지금도 행복한 동행을 하고 있다. 하지만 하나님과의 더 깊은 밀착동행을 위해 나는 끊임없이 나 자신을 레벨업해야 한다.

나는 모태신앙인이지만 신앙 안에서 불완전한 시기가 있었는데 그것은 미숙함 때문이었다. 감히 하나님과 동행이라는 단어조차도 붙이지 못했던 시기였다. 믿음의 대상이신 삼위일체 하나님이 나를 위해 움직여 주시길 원했고, 그로 인해 피조물인 내가 창조주 하나님께 임의동행을 강력하게 요구하는 기도가 자행됐다. 각가지 방법의 기도로 앙탈을 부릴 때도 있었으리라. '자기중심적'이었고 나의 욕구를 채워 주기를 바라는 기도, 그것은 진정한 믿음이었을까? 나를 위한 하나님… 나를 중심으로 움직여 주시기를 바라는 믿음이 진짜 믿음일까?

돌이켜보면 내가 주님을 붙잡은 것 같지만, 주님이 나를 이끄셨다. 그 시기를 벗어나기 위한 영적인 출애굽의 시기도 있었다. 사명이 나를 바꾸어 놓았을까? 그렇다. 사명은 나를 애굽에서 건져내 준 하나님의 큰 은혜였다. 사명 안에서도 미숙함과 갈등은 하나님과 하나되기에는 턱없이 부족하였다. 그러나 나에게 광야의 과정은 나를 레벨업시켜 동행자로 삼아 주시기 위함이다. '나' 중심의 사고방식으로 하나님을 끼워 맞추려 했던 미숙함은 행복한 동행이 될 수가 없다. 어린아이처럼 미숙할 때는 금식으로 떼를 쓰고, 철야 기도로, 임의대로 시한을 정하여 작정하며 내 뜻을 관철시켜달라고 요구하지만, 하나님은 나를 기다려 주시고, 바라봐 주시고, 함께 동행할 수 있게 성숙할 때까지 참아 주셨다. "이제 나와 함께 가자. 나의 어여쁜 자야."

이토록 이기적이고 자아 중심적인이었던 나를 '영적인 애굽'이라 칭한다. 주님은 미숙한 영적 애굽에서 나를 광야의 길로 건져 내셨고, 나는 그 광야에서 알몸인 나의 모습을 보게 되었다. 나의 한계와 연약함에 철저하게 두 손 들게 하셨고, 주님이 손잡아 주기를 소망할 때, 나의 손을 잡고 광야를 걷게 하셨다. 광야의 길이 10년이었다. 영적인 광야, 정신적인 광야는 나를 바로 보고, 나의 한계 속에서 장애물이 무엇인지를 깨닫게 하였다. 나를 둘러싼 환경도 아니고, 나를 오해하고 힘들게 하는 타인도 아니였다. 내 안에 있는 산은 건강하지 못한 나 자신이었다. 운동화 속의 모래알처럼 내가 만들어 놓은 자존심, 그 산 앞에서 가장 힘들었던 것 같다.

그러나 광야는 기적의 장소이다. 광야를 통과할 수 있는 무기가 있었는데 그것은 사랑이었다. 하나님의 사랑을 깨닫게 하시고, 그 사랑으로 누군가를 사랑할 때에 자존심이라는 산을 부수게 하였다. 우리는 광야를 힘들고 고통스러운 곳으로 많이 오해하는데 광야는 기회이다. 나를 나 되게 할 수 있는 기회였고, 하나님을 나의 아버지로 찾을 수 있는 기회였고, 확실한 소망인 가나안이 보이는 장소가 광야였다. 하나님은 나를 광야에 홀로 두지 않으시고 구름기둥과 불기둥처럼 철저히 매니저 역할을 해주시는 성령님을 붙여 주셨다. 마음의 방황이 찾아올 때마다 마음의 수면위에서 운행하시는 성령님은 '깨달음'으로 나의 길을 인도하셨고, 침묵 속에서 지혜로 동행하셨다. 때로는 인내할 수 있도록 눌러 주셨고, 멀리 볼 수 있도록 믿음의 안경도 바꾸어 주셨다. 그분은 나를 가나안까지 인도하셨다. 중요한 것은 광야에서는 동행이라는 의미보다는 '인도', '이끄심'이라는 표현이 더 맞는 것 같다.

나는 가나안에 입성했다는 것을 10년이 지난 후 알았다. 내가 서 있는 자리가 '은혜'의 자리였기 때문이다. 하나님, 예수님, 성령님과의 관계의 변화를 느낄 수 있을 때, 은혜 안에서 나는 행복한 동행중임을 알게 된 것이다. 그리고 나의 현 위치가 광야가 아닌 가나안 땅이라는 것도 깨닫게 되었다. 그래서 나는 이 영적인 시점을 회복의 시기로 선포하고 '영성'이라 주제하며, 설레는 동행을 선포한다.

앞으로의 삶은 영성을 통해 가나안의 완전한 정복을 꿈꾸며 나아가자는 다짐이다. 이 영성의 길을 가기까지, 광야의 10년이 나의 인생의 가장 큰 선물이었고, 그 광야는 나를 더 깊고 친밀함으로 동행해 주시기 위한 초대였음을 알기에 이제 이후로는 '오직 감사'만이 보답이요, 은혜의 반응을 보다 성숙하게 하고 싶다.

내가 서 있는 이 땅인 '가나안'은 창조적인 나를 회복하기 위해 정복해야 할 미개발지가 아직도 많다. 하지만 조급해 하지 않고, 두려워하지도 않고, 성실하고, 진실하게 초심을 잃지 않고, 그분들(삼위일체)과 동행하면서 보게 하시고 깨닫게 하시는 곳마다 하나씩 정복해 가리라. 내가 싸우는 것이 아니라, 그분들과 함께 정복해 가는 그 길이 나의 영성의 길이 되리라 확신한다.

나는 시대를 준비하는 기도의 사람이 되고 싶다. 골방에서 열방을 품는 무릎으로 사는 선교사가 되고 싶다. 그러기 위해서는 내 마음이 지성소가 되기를 소망하고, 골방영성으로 열방을 품어내길 소망한다.

성부 하나님과의 동행… 그분은 나의 보호자이심을 뛰어넘어 이제는 효도하고 싶은 관계이다. 나는 창세기를 통해 철없이 오해했던 잘못된 사랑을 바로 잡았다. 성경 전체가 아버지의 사랑이 아니면 이어갈 수 없다는 것을 늦게나마 깨달았다. 아버지의 그 마음을 헤아려 드리고 싶다. 효도하고 싶다. 철든 자녀, 원숙한 사명자가 되어 위로해 드리고 싶다.

성자 하나님과의 동행… 그분은 예수님으로 친히 사람이 되셔서 이 땅에 오셨다. 나를 살리시기 위하여…. 새 창조의 나를 찾아 주시기 위하여 그분과 내가 하나 됨을 증명해 내는 것이 나의 영성의 목적이다. 밀착을 넘어 하나 되므로 내 안에 그분의 생명을 드러내는 것이 영성의 목적이다.

성령 하나님과의 동행… 내가 가장 친밀하게 느끼는 하나님이시다. 늘 감사하고, 생각만 해도 콧등이 시큰해지는 관계이다. 나, 부족할 때 힘주시고, 나, 넘어질 때 일으켜 주시고, 나, 울고 있을 때 눈물 씻겨 주시던 어머니의 영을 가지신 분, 성령님. 그분과 밀착 동행하면서 나는 배우고 깨닫고 성숙함으로 삼위일체 하나님과의 동행을 꿈꾸고 있다.

나에게 골방이란, 세상 문을 닫고 들어가는 곳이 아니다. 나에게 골방이란, 세상을 품고 들어가는 곳이다. 나에게 골방이란, 우주를 볼 수 있는 곳이다. 그 방의 신비함은 세계 어디나 갈 수 있는 곳이요, 하나님과 나만이 있는 곳, 그래서 나는 골방을 '친밀방'이라 이름 붙였다. 무릎으로 온 세상 구석구석을 다 갈 수 있는 곳, 이 세상의 모든 문제를 가지고 들어갈 수 있는 방이다. 이곳은 기도의 응답이 만들어지는 산실이다. 요람에서 영원으로 인도하신 그분들과의 동행은 나에게 소명을 주시고, 사명으로 이끄셨다. 그로 인해 이 땅에서 가치 있고 의미 있게 그리고 행복하게 살아가도록 길을 열어 주셨다.

　달콤한 영광의 십자가로…

2019년 6월.
베데스다에서
깊은 우물

차
례

chapter 01

십자가영성

우리가 가는 영성의 길은 신비로운 은사체험이나 기적이 아닌 예수님의 인격과 성품에 참여하고자 하는 훈련이다. 행복한 동행은 삼위일체 하나님과의 동행이다. 완벽하신 예수님 곧 육신으로 이 땅에 오신 예수님의 모습은 아마도 창세기에 나오는 죄짓기 전의 인간의 모습이었으리라 생각된다. 흠 없고 죄 없는 하나님을 닮은 아들의 모습… 행복한 동행은 그분을 모델로 성령님과 밀착 동행하여 하나님의 마음과 뜻을 알고, 예수님을 배우고 닮아가기 위한 동행이다.

동행에도 여러 가지가 있다. 밀착 동행, 참여 동행, 멀찍이 따라가는 동행… 우리는 멀찍이가 아닌 밀착 동행을 위해 거룩한 욕심을 내어보면 어떨까?

모든 영성 가운데 십자가영성은 중심을 이루는 기둥 영성이다. 십자가영성으로 기둥을 만들고 다른 영성으로 새순의 가지와 열매영성을 이루어가는 것이다. 십자가는 하나님의 마음의 상징이고, 십자가는 예수님의 이미지 얼굴이고, 십자가는 성령님의 일하시는 도구이다. 그래서 이 십자가영성은 깊이가 다르고 복음의 위대함이 있다.

십자가영성은 '나는 누구인가?'에서 '나는 누구이어야만 하는가?'를 가르쳐준다. 사명의 분명함과 사명의 방향과 목적을 제시해 준다. 하나님의 일을 생각하고 자기를 끝없이 부인하고 반드시 자기 십자가를 지고 가는 길이다. 중요한 것은 예수님의 십자가와 내가 지고 가는 십자가는 다르다는 것이다.

예수님은 저주의 십자가를 영광의 십자가로 바꾸어 놓으셨다. 나는 예수님 덕분에 영광의 십자가로부터 출발한다. 그래서 그 십자가는 달콤하다. 지고 있다는 자체만으로도 영광이 되고 감사하다. 십자가를 지고 있다는 것은 곧 나의 신분이 상승되

었다는 것이고, 자기 부인과 함께 사명의 십자가는 나의 면류
관이 된다. 내가 십자가영성의 길을 가는 목적은 분명하다. 십
자가에서 예수님과 하나가 되는 것이다. 십자가에서 주님과 함
께 내가 죽었고 주님과 함께 부활했다. 이제는 그 영광의 십자
가로 인하여 거룩한 삶, 의인의 삶, 성화를 이루기 위해 은혜와
감사로 십자가를 지고 주님과 함께 동행하는 것이다.

예수님과 나는 1인칭이 되었다. 바울의 "이제 내가 육체 가운
데 사는 것은 내가 사는 것이 아니라 내 안에 예수님이 사시는
것이다."라는 고백처럼 나를 통해 예수님이 나타나기를 소망하
며 나아가는 것이 십자가영성이다.

17세기의 영향력 있던 십자가영성가, '사무엘 루터포드
(Samuel Rutherford)'는 나에게 많은 깨달음과 도전을 주었다.

"그리스도의 십자가는 내가 져 본 짐 중에서 가장 달콤한 짐
이다. 그것은 마치 새에 달린 날개와 같고 배에 달려 있는 돛과
같아서 나를 내 인생의 목적지에 이르게 한다."

그는 새로운 자아를 찾아 예수님과 동행하므로 가장 아름다
운 영성의 길을 선택하여 시대에 영향력을 준 목회자이시다.

십자가영성의 최고봉은 '사랑'이다. 그리고 십자가영성의 가슴은 '화평'이다. 십자가영성의 손과 발은 '섬김과 용서'이다. 예수님이 쓰신 가시 면류관은 내 생각, 내 가치관을 버리고 하나님의 뜻을 생각하는 훈련이다.

십자가영성의 길을 가는 동안 나의 변화를 확인하자. 나의 보는 눈이 달라지고 있는지, 내가 하는 말이 달라지고 있는지, 내가 듣고 있는 것이, 내가 귀 기울이고 있는 것이 정말 신령한 것인지 말이다.

십자가영성의 목표는 성화이다. 바울이 십자가영성으로 끝까지 승리할 수 있었던 것은 다음과 같은 법칙이 있었기 때문이다.

"나는 날마다 죽노라."

십자가의 비밀은 죽어야 다음이 진행된다.

교만을 못 박았으니 겸손의 꽃이 피게 하소서.

정욕을 못 박았으니 성결하게 하소서.

게으름을 못 박았으니 성실함이 회복되게 하소서.

당신은 십자가영성의 길을 걷기를 소원하는가? 소원을 가진 것과 뜻을 세우는 것은 차이가 있다. 바보들은 결심만 하고, 지혜자는 전략을 세운다.

"누구든지 나를 따라오려거든 자기를 부인하고 자기 십자가를 지고 나를 따를 것이니라"(마 16:24).

영성의 시작은 아멘 다음부터 출발이다. 자기 십자가의 행복은 사랑의 시작이고, 사랑의 끝이다.

십자가영성은 구별된 좁은 길로 안내한다.

믿음영성

'믿음'은 너무 광범위하고 추상적이어서 실제의 삶에서 동떨어져 있는 무지개처럼 구름 속에 감추어져 있다가 힘들고 어려울 때, 특별하게 의식해야 느낄 수 있는 것일까? 그렇다면 이 믿음은 힘을 발휘할 수 없고 능력을 나타낼 수 없다. 믿음이 동사라면 당신은 동의하겠는가? 믿음은 실제의 삶의 자리로 끌어와서 삶 속에서 능력(기적)을 일으켜야 한다. 믿음이 편협하고 좁은 가치관 안에 갇히면 영향력을 발휘할 수 없다. 우리가 소망하는 믿는 믿음은 창조론의 회복이다. 자기가 중심이 되어 필요에 의해 대상을 찾는 것은 바른 믿음이 아니다. 샤머니즘과 믿음의 차이는 중심이 누구인가의 차이이다.

우리가 믿는 믿음영성은 창조주를 중심으로 나를 찾아가는 것이다. 나를 위한 하나님인가? 하나님을 위한 나인가? 나를 위한 하나님이었을 때에는 하나님이 나를 위해 모든 것을 해 주시기를 바랐지만, 하나님을 바라보고 나아가다 보니 하나님을 위한 나를 찾아가는 것이 믿음영성임을 깨달았다. 나는 이것을 이렇게 규정한다.

첫 번째, 믿음영성은 자아를 깬 믿음을 가져야 한다. 자아의 껍질이 깨어지는 만큼 하나님의 마음이 보이고 느껴진다. 자아의 껍질이 벗겨지는 만큼 내 안에 우주가 보인다. 자아의 껍질을 깨지 않으면 구원은 턱걸이할 수 있으나 당신의 마음에 천국은 담을 수가 없다. 진정한 천국을 누릴 수가 없다는 것이다.

두 번째, 믿음영성은 원칙과 방향성과 목표가 일치해야 한다. 믿음의 주요 온전케 하시는 주님을 바라보는 법칙이다. 그 길을 좁은 길이라 부른다면, 좁은 길은 반드시 원칙이 필요하다. 원칙이 없는 믿음은 울타리가 없음으로 위험하다. 하나님의 말씀과 성경을 원칙으로 해야 믿음이 탈선하지 않고, 좁은 길에서 헛발을 디뎌 실수하지 않는다.

다음은 방향성이다. 방향성을 위해서는 나침반이 있어야 하는데, 그 나침반은 십자가이다. 십자가 정신, 십자가 사랑, 십자가 은혜로 점검하면서 달려야 한다.

믿음의 목표는 하나님의 말씀을 근거로 하여, 하나님의 창조 작품인 참 자아 찾기, 하나님의 창조 목적인 그분과의 친밀한 교제를 위해 영혼의 레벨업이 필요하다. 최상의 믿음은 하나님의 성품과 하나님의 마음과의 일치이다.

상식은 믿음이 아니다. 또한, 믿음은 상식이 아니다. 상식은 사람을 기준으로 하지만 믿음은 창조주 삼위일체 하나님을 중심으로 한다.

세 번째, 믿음영성은 선택이 아니라 반응이다. 믿음은 선택의 문제가 아니고 은혜에 대한 반응의 문제이다. 하나님은 여러 신 가운데 하나가 아니라 유일하신 분이고 나를 지으신 창조주이시기에 하나님을 향한 믿음은 곧 나의 존재를 증명하는 것이 된다. 믿음은 믿어져야 믿는 것이다. 믿어지는 믿음은 하늘로부터 오는 하나님의 선물이다.

하나님 사랑에 대한 나의 반응이 믿음의 척도이다. 십자가에 대한 나의 반응이 나의 믿음의 깊이이다. 성령님에 대한 나의 반응이 나의 믿음의 분량이다. 믿음은 심리적 위로가 아니라 나의 존재의 증명이다.

그러나 축복은 반응이 아니라 선택이다. 옳은 것을 선택하고 진리를 선택하고 언약을 선택하면 축복의 통로가 된다.

네 번째, 믿음영성은 모양이 아니라 내용이다. 겨자씨만한 믿음은 그 자체가 생명이다. 예수님이 공생애 사역 중에 유일하게 싫어하시는 사람들이 외식하는 사람들이었다. 외식은 믿음의 원수이다. 외식하는 자들은 밖에서는 성자요, 안에서는 마귀이다. 무신론자에게도 믿음이 있다는 사실을 아는가? 그들은 자아신(아신교)를 믿는다. 진정한 믿음은 생명이 있고, 생명 있는 믿음은 기적을 불러온다.

다섯 번째, 믿음영성은 분투이다. 믿음을 지키려면 싸움을 잘해야 한다. 그래서 믿음의 사람들은 영적인 싸움을 잘한다. 참된 기독교 안에는 영적인 전투가 있다. 이것을 선한 싸움이라 한다. 바울도 영적인 아들 디모데에게 성공하는 비결을 전수한 것이 아닌 영적인 싸움을 잘하라고 당부하였다. 영적으로 싸워 이기는 법은 거룩하고 순결하고 성결한 것이다.

영적인 싸움 중, 자신과의 싸움이 늘 문제이다. 육체의 나와 영적인 나의 싸움이 가장 치열하다. 이 싸움에서 승부가 나지 않으면 나와 나 사이에는 늘 갈등과 의심 그리고 상한 감정으로 인한 울고 있는 숨겨진 나로 인해 우울할 수밖에 없다. 나와 나 사이의 공간 안에서는 무질서와 혼돈으로 아수라장이 된다. 그러나 싸움의 목적을 알면 이긴다. 그 목적은 하나님 앞에 흠 없고 점 없는 모습으로 서는 것이다.

당신은 영적 싸움을 하고 있는가? 이 싸움은 휴전이 없다. 주님이 오셔서 종전을 선언하실 때까지 싸워야 한다. 그러나 이 싸움은 잘 싸우면 유익하고, 선한 싸움이다. 잘 싸우는 비결은 영적인 무장에 있다. 전신갑주를 입고, 십자가를 앞세워 나아가야 한다. 또한, 의를 선택하면 된다. 복음 위에 서면 된다. 옳은 길을 선택하면 된다.

믿음의 선한 싸움을 싸워 이긴 자는 나와 나 사이에 십자가가 존재한다. 그래서 그 십자가로 나를 통합시킨다. 옛 자아, 원죄의 나를 십자가에 못 박아 죽이고 부활의 나, 창조의 나를 사명으로 코팅하여 다시는 옛사람으로 돌아가지 못하게 한다.

　믿음에는 진짜 믿음과 가짜 믿음이 있다. 그 믿음이 나에게서 나오고, 나를 위한, 나 중심의 믿음이라면 믿음의 대상이 바뀌게 된다. 그러나 믿음의 대상은 바뀔 수가 없다. 상황에 따라 대상이 바뀌는 믿음은 가짜 믿음이다. 진짜 믿음은 하나님으로부터 오는 믿음이다. 이 믿음은 그냥 믿어지는 믿음, 안 믿고 싶어도 안 믿을 수 없는 기적 같은 믿음이다. 대상이 바뀔 수 없는 믿음, 그러기에 순교적인 믿음이 탄생하는 것이다.

　위에서부터 내려온 믿음의 특징은 조건 없는 순종을 하게 한다. 인내로 증명한다. 연단을 통해 빛을 발한다. 모든 불의에서부터 완전히 떠남으로 출발한다. 그 믿음의 뿌리는 성부 하나님께 있다. 믿음의 방향은 성령님이 인도하신다. 믿음의 마지막 종착지는 예수 그리스도의 성품이다. 빛나는 성품이 믿음을 증명한다.

　구원의 문으로 인도하는 믿음이 단순하다고 생각하는가?

당신의 믿음의 반응을 보라! 당신의 속사람을 보라! 당신이 서 있는 방향을 보라!

자기 신념, 세속적 믿음, 인간적인 신뢰, 이기적 믿음, 자기가 믿고 싶은 것만 믿는 믿음, 이성적인 믿음은 가짜 믿음이다. 믿음은 절대로 추상적인 것이 아니다. 삶의 실제가 되어야 하는 것이 믿음이다. 나에게 믿어지는 믿음과 확신에 찬 믿음을 주신 하나님께 감사하며 믿음에 영성을 붙여 삼위일체 하나님과의 동행을 갈망한다.

믿음영성으로 은혜 안에서 창조적 자아를 만납시다.

chapter 03

종의 영성

성경의 중요한 인물들의 공통점은 스스로 종신형의 종으로 순교까지 불사했다는 것이다. 출 21장, 빌 2장, 신 15장, 시 40편, 딤전 6장, 요 15장… 다 열거할 수 없는 성경 속의 종의 모습이다. 왜 이렇게 종이 주는 깊은 의미를 복음적으로 보지 못했을까? 아마도 종이라는 잘못된 고정관념이 영적인 눈을 가려놓은 듯하다. 진리를 깨달았다 해서 그렇게 살아가기에는 턱없이 부족하지만 나의 이기심, 나를 왕좌에 앉혀 놓고 그 기준으로 탐욕을 부리고 각종 죄악의 잔을 마셨던 것이다. 의의 종과 죄의 종을 구분해 본다.

섬김의 종으로 오신 예수님…

바울이 자처한 종의 모습…

자기를 비우고, 자기를 내려놓고, 자기를 버리는 영역에서 출발하는 종이지만 궁극적으로는 주인을 사랑하는 '사랑'이 전제적 조건이 된다. 그 사랑은 주인으로부터 받은 은혜가 베이스가 된다. 사랑 안에 은혜가 담기면 그 사랑은 아가페적 사랑이 된다. 아가페적 사랑은 기꺼이 종신형의 의의종이 되어 모든 자유를 반납한다.

종신형이 되기 위해서는 첫째, 종은 은혜 안에 사랑, 사랑 안에 은혜가 있어야 한다. 은혜와 사랑이 동전의 앞뒤처럼 있어야 한다. 나를 믿는 것이 아니라 하나님으로부터 오는 은혜 안에 사랑을, 사랑 안에 은혜를 깨달아야 한다. 그래야 만이 십자가의 은혜와 사랑으로 인해 자원하는 십자가에 귀 뚫린 종신형, 의의 종이 된다. 종신형의 종은 나의 모든 권리를 반납하고 은혜 안에서 사랑을 가지고 섬기는 종이다. 스스로 자원하는 종, 은혜에 보답하는 종, 사랑으로 섬기는 종이다.

둘째, 종은 힘이 있어야 한다. 마음의 힘, 마음의 근육을 만들어라. 마음의 힘이 없으면 심리적 장애가 오고, 정신적 힘이 없으면 정신적 장애가 오고, 영적인 힘이 없으면 전인적 장애가 온다. 마음의 근육이 없는 사람은 상처를 잘 받는다. 상처는 스스로 환자임을 드러낼 뿐이다. 그러나 상처가 은혜가 된다면 은혜는 섬김의 사랑꾼으로 만들어 준다.

요셉을 보라! 그가 종으로 힘을 발휘한 것은 오직 하나님을 바라보고 자기 안에 임재하신 성령님께 초점을 맞추고, 환경이나 사람에 좌우되지 않고 오늘영성에 승리했기 때문이다. 그래서 하나님은 그를 형통한 사람, 환경을 뚫은 사람, 꿈을 비전으로, 꿈 같은 현실을 이루어주셨다.

셋째, 종은 행복해야 에너지가 급상승한다. "당신은 행복한가? 하나님의 유일성으로, 예수님의 절대성으로, 사명의 확실함으로 이 필연성 때문에 행복한가?"를 물으시며 종이 기쁘고 행복해야 에너지, 시너지 효과를 높일 수 있다고 하신다.

넷째, 섬김으로 인격이 성숙해야 한다. 예수님이 그러하신 것처럼 섬김은 내면이 건강한 사람들에게서 나오는 은혜이다.

성경 속에 숨겨진 영웅 중 한 사람으로 창세기 24장의 엘리에셀을 들 수 있다. 요즘은 엘리에셀처럼 진실한 사람이 귀한 시대이다. 능력 있고 똑똑한 사람은 많다. 그러나 믿을 만한 사람이 적다. 하나님이 좋아하시는 사람은 믿고 신뢰할 만한 진실한 사람이다. 기쁨으로 "네" 하는 사람, 의식 있는 순종의 사람은 믿을 만한 사람이다. 그런데 엘리에셀은 아브라함이 자기 집 모든 소유를 맡길 정도로 믿을 만한 종이었다. 사랑을 해야 하는 대상은 많지만 이렇게 전부를 맡길 만큼 믿음과 신뢰를 주는 종은 드물다. 진실과 성실은 종의 필수 덕목이다. 섬길 줄 아는 사람이 다스릴 자격이 있다.

다섯째, 종은 주인과 친밀해야 한다. 종신형의 종, 그것도 스스로 자처한 종은 주인과의 관계가 어떠했을까? 친밀한 관계, 투명한 관계 그래서 믿을 수 있는 신뢰의 관계를 이루었을 것이다.

친밀한 관계는 실수가 없고 부족함이 없다는 것은 결코 아니다. 두려움을 넘어, 상대방의 어떠한 것도 이해해 주는 관계이다. 이유 모를 책망도, 납득할 수 없는 분노 속에서도 '그럴만한 뜻이 있겠지'라고 화가 풀릴 때까지 무릎으로 기다리는 마음. 그래서 주인은 그 종의 모습을 보고 "너는 더 이상 종이 아닌 나의 친구다."라고 말한다. "내 아버지의 비밀을 다 알게 할 것이다."라고 요한은 예수님을 대변한다. 친구 같은 친밀한 종의 특징은 집중한다. 종은 유능함보다 신뢰가 우선이다. 탁월함을 보이려 하지 않고 순종을 선택한다.

여섯째, 친구 같은 종의 특징은 집중한다. 함께하고 공감하고 같이 아파하고 주인이 잘 되면 내 일처럼 기뻐한다. 친구 같은 종은 유능함보다 신뢰가 우선이다. 탁월함을 보이려 하지 않고 순종을 선택한다. "너희는 내가 명하는 대로 행하면 곧 나의 친구라"(요 15:14). 주님은 친구를 위하여 자기 목숨을 버리면 이보다 더 큰 사랑이 없다고 말씀하신다.

일곱째, 종은 자족해야 한다. 종이 자족하지 못하면 주인의 것을 탐하고, 시기하고, 질투하고, 탐욕으로 인해 불평하게 된다. 비교의식으로 자신의 위치를 한탄한다. 심령이 허약한 사람의 특징은 무엇이든지 인정을 받아야 한다. 인정의 욕구를 극복하지 못한 사람이다. 이런 사람은 무슨 일을 하면 반드시 반응을 묻고 또 확인하려 한다. 건강한 사람은 할 일을 마땅히 했을 뿐이라고 말한다. 모든 일에 책임을 느끼는 사람이 종의 영성을 가진 사람이다.

종의 자족함은 매우 중요한 부분이다. 건강한 크리스천은 자족의 영을 갖고 있다는 스펄전 목사님의 말씀을 명심하자.

"단순해라. 질서 있게 살아라. 작은 것에 감사하고 소중히 여겨라. 가장 탁월한 영은 자족의 영이다."

종은 은혜로 일하는 종신형이 있고, 품꾼으로 일하는 품꾼형이 있다. 은혜로 나아가는 종신형의 종은 주인의 가치가 자신의 행복이다. 그러나 품꾼형의 종은 늘 보상을 요구하고 보상이 목표이기에 관계가 형성되지 않는다. 노예의식을 가지고 있기에 자신의 가치를 모른다. 종신형의 종으로 불림을 받은 사람의 가치는 십자가에 있다. 진정한 나의 가치를 십자가에서 찾아야 한다.

종신형의 종으로 예수님의 가치를 찾아가는 사람이 됩시다.

chapter 04

여백영성

언덕 위에 줄지어 선 나무들이 아름다운 건
나무 뒤에서 말없이
나무들을 받아 안고 있는 여백 때문이다.

나뭇가지들이 살아온 길과 세세한 잔가지
하나하나의 흔들림까지 다 보여주는
넉넉한 허공 때문이다.

빽빽한 숲에서는 보이지 않는
나뭇가지들끼리의 균형
가장 자연스럽게 뻗어 있는 생명의 손가락을
일일이 쓰다듬어주고 있는 빈 하늘 때문이다.

거대한 나무와 그를 돋보이게 하는 여백의 공간을 상상해 볼 때면 숨이 벅차오른다. 종의 영성으로 한 번도 들어가 보지 않은 동굴 속에서 느껴보지 못했던 기운을 느꼈다면, 여백영성은 동굴 밖으로 나와 아름다운 공원으로 안내 받은 느낌이다. 영성의 길을 걷는다는 것이 이렇게 신비로울 수가 있을까 싶다.

여백은 아름답다. 동양화의 아름다움은 여백에 있다. 여백은 여유를 준다. 여백은 안식을 준다. 여백은 평강을 준다.

여백영성은 마치 장식음인 시김새와 꾸밈음으로 음악을 더 빛나게 해주는 영성이다. 넉넉한 바짓가랑이에서 자유로움의 통풍과 같은 진리 안에서의 자유….

음악의 아름다움도 여백에 있다. 음악의 여백은 꾸밈음과 쉼표다. 음악의 감미로움은 쉼표에 있다. 쉼표는 음악을 즐길 수 있는 여백이다. 쉼표는 끝이요, 시작이다.

여백은 아름다운 소리를 만들어낸다. 가슴 아픈 소리를 내는 피리는 속이 비어 있다. 피리의 애절한 소리는 텅 빈 여백에서 나온다. 비움이 있기에 소리가 있고, 비움이 있기에 아름다운 음악이 있다. 그러나 이 여백을 사단은 이용한다.

"이만하면 됐어. 쉼표에 머물러라. 너는 가만히 있다가 꾸밈

음만 치고 나가면 돼." 정말 그럴까? 전체의 음을 타지 못하면 꾸밈음이 아름다울까? 진정함을 끌어 내어주지 못한 음이 쉼에 호흡을 할 수 있을까?

여백영성은 내가 할 일과 하나님이 하실 일을 구분하고 분별하는 것이다.

여백영성이란, 하나님을 하나님 되게 하는 것이다. 하나님을 하나님 되게 하는 사람은 하나님이 책임지신다. 이 시대의 교회들은 맘모니즘, 부, 돈, 명예를 진리처럼 따른다. 그것은 하나님을 하나님 되게 하는 것이 아니다. 여백영성은 사람이나 부, 명예에 집착하지 않고 하나님을 하나님 되게 만들어 드리는 것이다. 완벽주의와 절대주의는 여백영성과 반대되는 것이다. 여백영성은 '나는 완전할 수 없다' 는 것과 '은혜 안에서의 나는 만들어져가고 채워져 가고 회복되어간다' 는 것을 알려준다.

둘째, 여백영성은 비움이다. 예수님의 영성은 여백의 영성이요, 비움의 영성이다. 예수님은 자신을 비우시고 종의 형체를 입으셨다. 예수님은 자신을 비우신 후에 그 빈자리를 은혜와 진리로 가득 채우셨다.

"비움은 텅 빈 충만이다."

비움이 텅 빈 충만이 되는 것은 비움 속에 숨겨진 충만이 담겨 있기 때문이다. 가득찬 그릇보다 귀한 것은 깨끗하게 비운 그릇이다. 이미 가득찬 그릇에는 아무것도 채울 수가 없듯이, 이미 가득찬 그릇은 변화의 가능성도, 성장의 가능성도 없다. 그런 까닭에 가득찬 그릇보다 텅 빈 그릇이 아름답다.

하나님이신 예수님과 인간인 우리와의 비움은 다르다. 예수님은 하늘 보좌, 하나님의 자리를 비우고 내려오셨지만 죄인인 우리는 그릇에 담겨진 죄를 비워야 한다. 육체의 죄(탐욕), 혼(생각)의 죄(가치관), 영적인 죄(교만)를 비워야 한다.

노자는, "항아리를 쓸모 있게 하는 것은 도공이 빚는 흙이 아니라 항아리 안의 빈 공간이다."라고 말했다. 하나님 앞에 쓸모 있는 그릇이 되기 위해 우리는 자신을 비워야 한다. 흙덩이와 같은 탐욕과 이기심을 비워야 한다. 썩어 냄새나는 정욕을, 미움과 질투와 시기를 비워야 한다. 헛된 욕망과 집착을 버려야 한다. 그 때 우리는 쓸모 있는 그릇이 된다.

비움은 덜어내는 지혜, 버리는 훈련, 포기하는 마음, 내려놓는 용기이다. 이렇게 깨끗하게 비워진 그릇을 주님은 마음껏 사용하실 것이다.

셋째, 여백영성은 성경적 자아상을 찾아가는 것이다. 성령의 조명을 받아 자신의 장점과 부족함을 정확하게 아는 영적인 자가 진단이다. 장점은 살려서 하나님의 영광을 위해 내어드리고, 약점은 인정하고 그 약점 너머의 하나님을 바라보는 눈이다. 성경적 자아상을 가진 사람이 여백의 영성을 가질 수 있다.

벤자민 프랭클린(Benjamin Franklin)은 이렇게 말했다.

"나는 하나님을 만나고 새로운 나를 발견했다. 나는 세상 학문이 짧은 사람이지만, 나는 내가 세상에서 가장 현명한 사람이라 생각한다. 왜냐하면 나는 모든 사람에게 배우려는 자세를 갖고 있기 때문이다. 그리고 나는 세상에서 제일 강한 사람이다. 다혈질인 나의 성향을 거룩한 곳에 열정으로 승화시켰기 때문이다. 나는 세상에서 제일 부유한 사람이다. 나는 모든 것에 자족함을 배웠기 때문이다."

이것이야말로 성경적 자아상이 아닐까?

넷째, 여백영성은 기다림이다. 기다림은 낭비가 아니다. 기다림은 여유이다. 기다림은 참된 능력이다. 기다림을 통해 우리의 인격은 무르익어간다. 마치 곡식이 무르익고, 열매가 무르익는 것처럼 기다림을 통해 우리의 사랑도 무르익는다. 기다림을 통해 관계가 깊어지고, 사랑의 맛도 깊어진다. 열매가 익기를 기다리는 동안 잠자고 있는 농부는 없다. 약을 치고 가지도 치고 잡초도 뽑아주며 부지런히 살핀다. 중요한 것은 열매를 바라보며 땀을 닦는다.

다섯 번째, 여백영성은 참된 사랑에서 나온다. 부활 후, 배신한 제자들을 일일이 찾아가시는 예수님의 여백영성… 깊은 친밀함은 여백에서 나온다. 늘 함께 있다고 친밀한 것이 아니다. 잘못된 가까움이 친밀함의 적이 될 수도 있다. 참된 친밀함이란 여백 속에 감추어져 있다. 믿어 주는 것, 있는 그 모습 그대로 사랑하는 것이다.

하나님의 역사는 여백을 통해 새롭게 태어났다. 그 여백이 십자가이다. 예수님의 십자가는 인류 역사의 여백이다. 하나님 아버지와 단절되는 아픔의 현장이 십자가였다. 그러나 십자가의 여백이 새 역사를 창조했다. 십자가는 하나님과 인간, 인간과 인간을 연결시킨 다리였다. 십자가는 여백의 장소요, 연결의 장소였다. 그래서 나는 십자가를 사랑하고, 십자가를 자랑한다. 그러나 복음은 여기에 머무르지 않는다. 십자가를 통해 내가 어떻게 살아야 창조의 회복, 다시 오실 신랑 예수님을 맞이할 순결한 신부가 될 것인가? 재림의 여백을 갖고 오늘을 사는 영성의 길을 가기로 다짐해 본다.

내가 알고 실천했던 여백은 그냥 쉬든지, 침묵하든지, 참든지 하는 그런 단순한 것들이었다. 그렇지만 그런 단순한 것들이 참 어려웠다. 쉬면 낭비하는 것 같고 침묵하면 아쉽고, 참으면 답답하고…

내가 지금까지 살아온 날들을 되돌아보면, 부족해서 빈 여백을, 아쉬움이나 미련보다는 그 너머의 하나님을 바라보고 살아온 것 같다. 이제 나의 새로운 도전은 넘치는 여백에 도전해 보고 싶다. 넘치는 것을 여백이라고 부르지는 않지만 이것은 진리의 역설이다. 현명한 사람들의 빈 여백이 있고, 나 같이 부족한 사람들의 넘치는 여백이 있다. 생각해 보니 사람들은 넘치는 여백을 열정이라고만 부른다. 지금까지는 여백보다는 열정이 나에게 더 맞는 단어 같았다.

그러나 열정이 열정으로만 끝나지 않을 수 있는 것은 성경적 세계관을 갖고 있기 때문이다. 성경적 세계관은 창조적 세계관이다. 창조적 세계관은 충만의 여백이다.

흘려보내는 여백….

여백영성으로 진정한 자유함을 누립시다.

chapter 05

친밀영성

"누가 우리를 그리스도의 사랑에서 끊으리요 환난이나 곤고
나 박해나 기근이나 적신이나 위험이나 칼이랴, 기록된 바 우
리가 종일 주를 위하여 죽임을 당하게 되며 도살당할 양같이
여김을 받았나이다 함과 같으니라 그러나 이 모든 일에 우리를
사랑하시는 이로 말미암아 우리가 넉넉히 이기느니라"(롬 8:35-
37).

두려움의 반대는 무엇일까? 두려움을 이겨내고 찾아오는
"평안", 평안이 바로 두려움의 반대이다. 두려움의 반대가 평

안이라면, 겉으로 씩씩하고 용기가 있어 보인다 해도 그 사람에게는 두려움이 전혀 없을까? 아무리 내가 용기가 있고 능력이 있어 보일지라도 두려움이 있을 수 있다. 수위는 조금씩 다를 수 있지만, 그 두려움이 나에게 오래 지속되지 못하도록 극복해야 한다. 원초적 두려움의 근원지는 죄에 근거를 둔다. 죄성을 가진 사람에게 두려움이 없을 수 없다는 것이다. 예수님도 두려움이 있었기 때문에 십자가를 앞에 두고 할 수만 있으면 이 잔을 내게서 피하게 해달라고 기도하셨고, 예수님은 그 두려움을 이겨내셨다.

두려움은 늘 극복해가는 것이다. 두려움을 극복한 사람이 하늘의 능력을 소유한 사람이 될 수 있다. 나에게 평안이 찾아올 때 용기가 생긴다. 마음의 평안은 모든 것의 시작이다. 순간적으로 두려워할 수도 있고 염려, 근심할 수 있으나 바울의 고백처럼 전능자 하나님과 그리스도와 나 사이를 끊을 수 없다는 고백이 우리에게서 나와야 한다. 육신의 아버지와 나와의 관계가 끊어질 수 없는 것처럼, 하나님과 우리와의 관계도 그렇다. 두려움은 대상을 바꾸는 것이 아니다. 죄가 가져다준 두려움은 반드시 절대적 믿음으로 극복된다.

영성 안에 있는 친밀함은 무질서하거나 무장해제가 아니다. 친밀함이 유지되려면 질서와 예의 그리고 자신의 위치 지키기가 분명해야 한다.

친밀영성은 기본적으로 믿음과 신뢰가 있어야 가능한 영성이다. 친밀영성 하면 떠오르는 사람이 있다. 그가 바로 에녹이다. 에녹의 300년 동안 이어졌던 하나님과의 동행은 단순한 동행이 아니었다. 성경은 에녹에 대해 많이 기록하고 있지는 않지만, 에녹의 인생은 에녹으로 끝나지 않고 그의 후손을 통해 하나님의 일들이 진행되는 것을 보면, 하나님과 친밀한 관계였다는 것을 깨닫게 된다. 내가 소망하는 동행이 바로 에녹과 같은 동행이다.

삼위일체 하나님과의 친밀한 관계가 나의 영성의 목표라면, 영성의 모델은 바로 예수님이시다. 예수님은 사람들을 귀히 여기셨지만 진짜 친밀한 분은 누구였을까? 바로 하나님, 성부 하나님이었다. 삼위일체의 친밀함은 존중과 철저한 역할 분담으로 이루어진 친밀함이다. 성부 하나님의 자리, 성령님의 자리와 예수님의 역할이 분명하셨다.

예수님의 이러한 모습이 너무도 닮고 싶다. 예수님은 이 땅에 오셔서 가난한 자와 병든 자, 약한 자들과 함께하셨고, 하나님과 친밀한 영성의 관계를 이루셨다.

관계는 일방적일 수 없다. 관계는 쌍방적이어야 한다. 그럴 때 관계가 형성될 수 있다. 내가 어떤 사람과 친밀한 관계, 가까운 관계를 형성하는 데는 쌍방의 관계가 이루어질 때 가능하다. 우리 예수님께서 하나님과 친밀한 영성의 관계를 이룰 수 있었던 것은 바로 이 때문이다. "내가 이 땅에 왜 보내졌는가?" "아버지가 원하시는 뜻이 무엇인가?"를 알고 있었기 때문이다.

"여러분에게는 영혼의 친구가 있습니까?"

"영혼의 친구"라는 단어를 생각할 때, 개인적으로 부부가 영혼의 친구가 되면 참 좋겠다는 생각을 한다. 하지만, 많은 사람들이 이 부분에서 실패하고 있다는 생각이 든다. 나는 첫 번째로는 목사님과 영혼의 친구가 되고 싶고, 그리고 자녀들, 함께 영성의 길을 동승하고자 하는 사람들과 영혼의 친구가 되고 싶다. 그러나 진실로 영혼의 친구가 되고 싶은 분은 바로 "예수님"이시다. 그러기 위해서 영성에 도전하는 것이다. 그분의 레벨에 맞추기 위하여….

친밀한 동행에 성공하기 위해서는, 첫째, 지속적 관계가 필요하다. 로마서 8장의 말씀처럼 우리의 관계가 울퉁불퉁할 수도 있고 비포장도로와 같을 수도 있지만 '그 사람과는 끝까지 갈 수 있을 것 같다'라는 말을 들을 수 있는 사람이 되어야 한다. 그러기 위해서는 진실한 관계가 되어야 한다.

둘째, 진솔한 나눔이 필요하다. 멀리 있다고 해서 관계가 소원한 것은 아니다. 또 가까이 있다고 해서 친밀한 것도 아니다. 가까이에 있어도 멀게 느껴지는 사람이 있고, 멀리 있어도 가까이 있다고 느껴지는 사람이 있다. 매일매일의 동행에는 사람 사이에 연결 고리가 필요하다.

셋째, 사랑스러운 사람. 사랑을 받을 줄 아는 인격이 있어야 한다. 사랑스럽다는 것, 그리고 사랑받을 인격을 가지고 있다는 것은 굉장히 중요하다. 그럴 때 하나님과 친밀하게 동행할 수 있고, 친밀한 영성으로 들어갈 수 있다.

하나님은 우리의 머리털 하나까지 세신 바 되시기 때문에 하나님 앞에 선한 것을 쌓아가는 일은 매우 중요하다. 선한 뜻, 착한 마음, 건강한 생각을 가지고 있을 때 하나님은 우리를 어떤 식으로든지 사용하신다. 친밀한 동행, 친밀영성을 이어가기 위해서는 사랑스러운 사람, 사랑 받을 수 있는 인격을 갖추고 기본적인 예의들을 훈련하는 것이 중요하다.

친밀영성의 대표적인 성경인물은 누가 있을까? 바로 다윗을 꼽을 수 있다. 다윗은 어렸을 때부터 창조주 하나님 안에 있는 창조된 것들과의 친밀함을 보였다. 자신의 감성을 통해 하나님과 친밀한 관계를 시적으로 표현하기도 했다. 하지만 다윗에게도 영적인 굴곡은 있었다. 이러한 다윗이 하나님과의 친밀영성에서 승리할 수 있었던 비결은 과연 무엇이었을까?

다윗에게도 실수가 있었지만, 그는 하나님의 뜻을 자기 식으로 해석하거나 오해하지 않았기에 피하지 않고 숨지 않고, 변명하지 않고, 철저히 회개를 통해 다시 재기할 수 있었다.

다윗은 하나님의 자리를 인정했다. 직접적으로 하나님과 대면하기도 했지만, 나단 선지자와 갓 선지자의 말을 하나님의 음성으로 존중했던 겸손함이 있었다. 반면, 영적으로 충만할 때에도 다윗은 하나님으로부터 오는 은혜였음을 잊지 않았다. 다윗은 하나님의 자리를 늘 만들어 놓고 하나님께 찬양하고 경배

했으며 약할 때나 강할 때 변함없이 하나님의 자리를 인정했다.

하나님의 자리를 비워놓지 않으면 그 사람은 하나님과 끝까지 동행할 수 없고 친밀영성으로 열매를 거둘 수 없다. 주님이 친밀하게 다가와 주시는 것은 나의 약함을 인정하여 하나님이 아니면 안 된다는 믿음의 고백 때문이다.

우리가 인생을 살다 보면 영적으로 충만한 시기만 있는 것도 아니고, 영적인 위기만 있는 것도 아니다. 영적으로 충만할 때 어떻게 할 것이며, 위기가 왔을 때 어떻게 할 것인지에 대한 대처방법이 있어야 한다. 잘 나갈 때도, 넘어졌을 때도 하나님과의 동행은 영원해야 한다. 그러기 위해서는 언제나 하나님의 자리를 만들어 드리는 것이 중요하다.

친밀영성으로 하나님과 일치됨을 이룹시다.

투명영성

"마음이 청결한 자는 복이 있나니 그들이 하나님을 볼 것임이요"(마 5:8).

우리는 내면의 세계를 소유한 존재요, 영적인 존재이다. 아이러니한 것은 내 마음을 내가 잘 알지 못한다는 것이다. 내면의 죄로 인해 하나님과 원수된 것으로 꽉 채우고 있을 때는 모든 것이 불투명하다. 우리가 죄악 된 삶을 사랑하고, 죄를 짓고 살면서도 전혀 내면에 대한 관심이나 내면의 세계에 대해서 생각하지 않는다. 오히려 편견과 무관심으로 일관해 버린다.

때때로 내면에서 답답한 느낌이나 불안한 무엇인가를 느끼곤 하지만, 그것을 무시하고 일반적인 것인 양 여기고 살아간다. 하지만 무의미하고 건조한 삶을 오랫동안 살아온 사람일수록 더 큰 갈증과 답답함이 내면에서 굳어짐으로 영혼의 마비가 온다.

투명영성이란, 내면의 불법 건물을 부수고 깨끗하고 청결한 심령의 천국을 건설하는 것이며 마음의 천국을 이루어 하나님을 모시고자 하는 것이다. 구약시대에는 특정인을 빼고는 하나님을 보는 것은 곧 죽음이었다. 그러나 예수님을 통해 우리는 하나님을 볼 수 있고, 성령님을 통해 하나님의 마음을 느낄 수 있다. 그러므로 투명성을 통해 마음에 하나님을 초대해야 한다.

투명함이란, 맑고 깨끗함을 말한다. 마음이 청결하다는 것은 과연 무엇일까? 청결하다는 것은 하나님께 대하여 한마음을 가졌다는 것이고 마음의 복잡함이나 불신이 없다는 것이다. 본래 인간은 하나님의 형상으로 그분의 속성이 우리의 근본 마음이다. 그러나 죄로 인해 우리의 마음이 혼탁해지고 불투명해졌다. 투명함은 하나님의 형상의 회복이다.

　청결함과 투명함은 하나님의 본성이고 인간의 창조본성이었
다. 내가 투명하지 못하는 이유 중의 하나는 하나님을 오해하
기 때문이다. 불신앙은 하나님을 오해하는 데서부터 시작된 것
이다. 투명영성을 소유하려면 하나님을 바로 아는 지식이 있어
야 한다. 하나님은 투명하게 회개하고 고백하는 자를 용서하시
고 더 큰 자비를 베푸시며 보혈의 공로로 죄 씻음을 주시는 분
이라는 절대적인 믿음이 있어야 투명할 수 있다. 인간의 수준
에 하나님을 맞추지 말자.

　또한, 투명함은 내적으로 건강한 사람에게 있는 것이다. 내면

이 건강하지 않고 상처가 치유되지 않으면 투명함을 갖기 어렵다. 수치심으로 자신을 투명하게 드러내기 보다는 가리고 덮고 거짓으로 포장하고, 외식으로 진정한 자아를 가두어 버린다.

지금은 찾아볼 수 없지만, 옛날에 구슬치기 놀이문화가 있었다. 구슬의 겉은 굉장히 투명한데 그 속을 자세히 들여다보면 꽃무늬가 그려져 있기도 하고, 나뭇잎이 그려져 있기도 하고, 어떠한 형태가 그 안에 그려져 있었다. 우리의 투명영성도 다르지 않다는 생각을 한다. 내면이 아름답고 건강하면 투명하고 싶고 오픈하고 싶기에 마음은 저절로 열린다.

투명함은 거룩을 소망하고, 성결을 목표로 경건의 삶을 추구하는 사람의 몫이다. 내가 거룩을 소망하는 만큼 투명하려 하고, 성결에 대한 갈망만큼 투명하다. 투명영성은 거룩함과 성결함에 목표를 둔다. 하나님이 거룩하시니 우리도 거룩해야 하나님을 볼 수 있기 때문이다.

투명영성은 무장해제다. 두려움보다는 사랑을 믿어라. 두려움과 사랑 앞에서 사랑을 선택해라. 그것이야말로 자신을 진정으로 보호하는 믿음이다. 부족하면 부족한 대로 약하면 약한 대로 인정하는 것이 무장해제이다.

우리가 육체를 가지고 있는 한, 죄를 계속 지을 수밖에 없다. 그렇다면 우리는 어떻게 투명성을 유지할 수 있을까? 투명함을 더 투명하게 만드는 비결은 바로 고백이다. 솔직한 고백과 섬세한 회개는 놀라울 정도로 우리의 영혼을 건강하게 하며 투명하게 한다. 영혼이 투명하게 되면 무한한 세계와 영원한 세계, 영적 세계를 볼 수 있다.

투명이라고 하는 것이 나 자신에게 주는 유익은 굉장히 크다. 많은 사람들이 많은 은사를 사모한다. 어떠한 은사보다 퀄리티가 높은 영성이 투명영성이다. 마음이 깨끗하고 청결하여 투명하면 하나님을 보는 영안이 열린다. 하나님과의 소통이 가능해진다. 하나님과의 일치성을 찾아간다.

내가 투명영성을 소유하고 유지하게 되면 내 마음이 에덴이 될 수 있다. 에덴에 내려오셔서 아담과 교제하셨던 하나님을 상상해 보라. 그리하면 투명한 마음에 깃드시는 하나님의 빛과 천국을 맛보게 될 것이다.

내가 투명하지 않으면 영은 어두워지고, 혼은 혼탁하여 혼란하고 마음은 이중적으로 갈라진다. 생각은 복잡하여 삶이 무질서해진다. 투명영성으로 마음에 하나님을 모시고 심령의 천국을 이루어보라. 하나님과 관계뿐 아니라 사람과의 관계에서도 굉장한 영향력을 준다.

진짜 가깝고 투명한 관계는 듣고 싶은 말, 하기 좋은 말만 하는 관계가 아닌 바른 말, 아픈 말까지 하고, 들을 수 있는 수용력이 따라와야 투명한 관계이다. 비겁하지 않고 투명하게 진실을 말할 수 있는 사람은 믿음과 신뢰 그리고 내적으로 건강하고, 거룩을 꿈꾸는 사람이다.

투명영성은 또 다른 말로 '청결의 영성'이라고 할 수 있다. 옷을 벗어야 때를 밀 수 있다. 목욕탕을 갔는데 다른 사람들을 못 믿겠다고 수치심에 속옷을 벗지 못한다면 어떻게 될까? 관계에서도 내가 옷을 어느 만큼 벗었는지는 참 중요하다. 강제로 벗기는 것은 의미가 없다. 스스로 벗을 수 있을 때 의미가 있는 것이다. 투명함과 수용력은 함께 가는 인격이다.

지금 당신은 어디까지 옷을 벗었는가? 외투를 벗은 사람은 거실까지 들어온 사람이다. 속옷을 벗은 사람은 침실까지 들어온 사람이다. 관계의 향상은 친밀한 관계, 열린 관계, 짐을 함께 지는 관계일 때 가능하다. 많은 사람들이 자신은 겉옷만 벗고 친밀한 관계라고 착각하면서 짐을 함께 지려고 한다. 하지만 속옷까지 벗지 않으면 절대 짐을 함께 질 수 없다.

투명영성이 우리에게 도전을 주는 이유는 하나님을 볼 수 있는 아주 좋은 영성의 길이기 때문이다. 하나님을 본다는 것은 단순히 눈으로 보고 눈도장 찍는 정도가 아니라 하나님의 힘과 능력, 위력을 반사하는 것이다. 투명영성이 겉보기엔 단순한 것 같지만 그 안에는 엄청난 위력이 내재되어 있다.

투명영성으로 영적 세계를 누리며 살자.

chapter 07

관계영성

올바른 관계가 '건강한 영성'을 말한다. 칼빈은 하나님을 아는 지식과 인간 자신을 아는 지식은 상호 밀접하게 연결되어 있어, 하나님을 알지 못하고는 자신이 누구인지 알지 못하며 또한 자신에 대한 지식이 없이는 하나님이 누구신지를 아는데 한계를 느낀다고 말한다. 하나님을 아는 만큼 자신을 알게 되고 하나님을 알아야 관계가 깊어진다. 하나님과 인간 관계의 출발은 하나님이 인간을 창조하시면서 시작되었다. 만물을 창조하신 이유 역시 인간을 위하여 창조하신 것이다.

인간의 영성 건강의 필수요소는 '관계'이다. 관계를 보면 그 사람의 건강 상태를 확인할 수 있다. 영적인 세계가 열려야 건강한 관계를 맺는다. 하나님의 임재를 체험할 수 있는 곳에서 얻어지는 경이감이나 놀라운 감격 등은 신비로운 체험들이다. 하나님의 임재는 인간의 눈으로 하나님을 보는 것이 아니라, 영적인 눈으로 하나님을 보고 자신을 보는 것이다.

사울이 다메섹에서 겪은 임재의 체험은 신비롭고 경이로운 일이었다. 하나님의 영이 임하니, 사울은 눈의 비늘이 떨어지고 영적인 세계가 열리면서 예수님을 바로 보게 되었고 하나님과의 바른 관계가 형성되었다.

하나님의 임재를 느끼는 신비는 인간에게 몇 가지 중요한 영향을 준다. 첫째, 하나님이 하나님 되심을 알게 되고 깨어졌던 모든 관계가 바르게 형성된다. 그렇게 되면 영적 성장속도가 가속화되고 분열된 자아를 통합시키며, 인생의 방향을 바꾸어 주고 마지막으로 인간과 인간의 관계를 통해 누릴 수 있는 참 자유를 체험하게 한다. 또 다른 의미로 신비의 체험은 인간을 하나님으로부터 지음 받은 본래 창조의 모습으로 회복하게 한다.

두 번째, 다른 사람들과의 만남에서 오는 기쁨이다. 인간이 하나님의 형상을 회복해 가는 것이 영성의 길이라면, 서로 간의 관계를 통해 하나님의 사랑을 느낄 수 있다. 하나님의 형상으로 지어진 인간의 마음 깊은 곳에는 하나님의 사랑이 담겨 있다. 하나님 안에서의 참된 관계는 내 안에 감추어진 그 사랑의 영이 꽃피고 열매를 맺게 된다. 이런 하나님의 사랑은 관계를 통해서도 자신의 참 자아를 보면서 행복을 찾을 수 있다. 영성은 단순한 친목이 아닌, 하나님 안에서 관계를 통해 서로의 가치를 찾아주는 것이다.

관계영성은 건강한 영성이다. 하나님과의 관계, 자신과의 관계, 이웃과의 관계가 좋으면 건강한 영성이다. 한마디로 관계영성은 모든 관계에서 유익과 행복을 주는 영성이다.

관계영성은 자연과의 만남에서도 느낄 수 있는 자양분이 된다. 자연세계는 하나님의 솜씨가 가장 신비롭고 정교하게 스며들어 있다. 자연세계는 모두가 하나님의 사랑을 보여주는 전시장이며 영성의 현장이다. 그래서 인간은 자연을 떠나서 영적으로 건강하게 살기가 힘들 수밖에 없다.

또한, 관계영성은 순수함의 회복이다. 예수님은 천국에서 가장 우대받는 사람이 누구인가라는 제자의 질문에 어린아이 하나를 품에 안으시고 아이같이 되지 않으면 천국에 들어갈 수 없다고 하셨다.

현대 심리학자 에릭 번(Eric Berne)은 성경적으로 병들어 있고 자신의 능력을 발휘하지 못하는 사람들에게 공통적으로 나타나는 현상을 보았다. 그것은 건강한 어린아이의 모습을 상실한 사람들이었고, 병든 어린아이의 모습을 지닌 사람들이었다. 어린아이의 모습을 잃어버린 사람들의 마음은 굳어있고 융통성이 없다. 생동감과 창의력을 상실하고 있다. 이런 면에서 볼 때 영성이 건강하려면 우리 자신 안에 있는 어린아이와 같은 순수한 모습이 병들어 있지는 않은지를 먼저 자각해야 한다.

오늘의 한국교회가 직면하고 있는 가장 심각한 문제에는 세속화, 물량주의, 개인주의 그리고 윤리의식 부재를 들 수 있다. 이런 결과로 영적 무기력 증세가 나타나고 교회성장 둔화현상과 영적 침체에 빠지게 되었다.

지금 한국교회는 중병을 앓고 있다. 이 중병을 치료하기 위해서는 실천적, 영성적, 신앙형성과 복음적 경건주의를 회복해야한다. 그리스도인들이 성경은 많이 알지만 그 말씀대로 살지 않는다. 그래서 세상사람들이 한국교회와 그리스도인들을 신뢰하지 않는다. 초대교회는 이 시대의 물량주의의 현상이 아니라 관계 중심의 공동체를 이루었다.

하나님과의 관계는 어떠한가? 한 하나님을 두고 목적은 모두가 다르다. 올바른 관계영성을 맺지 못하고 있기에 하나님의 임재가 없는 인격으로 다른 사람과의 관계도 이권 위주의 자기중심적인 비신앙적인 관계를 추구한다. 관계영성은 인격의 성화와 생활영성 운동으로 균형 있는 삶을 이루는 것이다.

이웃과의 올바른 관계를 가지려면 자신과의 관계가 건강해야 하고, 자신과의 건강한 관계는 하나님과 건강한 관계를 갖게 한다. 자신과의 관계가 잘못 형성되면 감정적인 반응이 격하게 나타난다. 늘 분노가 쌓여 있어 미움, 원한, 용서하지 않음, 저항과 비판의식, 낙담 등이 신체적, 정신적으로 문제를 일으키고 관계에 미숙함을 보인다.

자신과의 관계가 건강하지 않으면 타인과의 관계가 어려워진다. 대인관계 속에서도 배타적인 태도나 또는 지나치게 의존적인 태도를 취한다. 자신을 과대평가하거나, 과소평가하고 자기중심적인 성향과 자학적인 성향을 갖게 된다. 자신의 연약함이 드러날까 봐 가까이 다가오지 못한다. 늘 빈곤성을 가지고 있기에 피해의식이나 열등의식으로 지나친 수줍음이나 지나친 의존감과 결단력 부족으로 인해 갈등하여 안정감이 없는 상태를 유지한다. 이런 사람은 하나님과 친밀해지는 것조차 두려워하는 마음을 갖는다.

하나님을 생각할 때, 심한 죄책감을 갖는다든지 하나님이 정죄하거나 벌을 내리실 것이라는 두려움을 갖는다. 심지어는 하나님의 사랑과 구원의 말씀을 편협하게 받아들인다. 말씀을 통해 전해지는 하나님 사랑을 믿어라! 받아들여라! 객관적이 아닌 주관적으로, 로고스가 아닌 레마로 말씀을 생명으로 먹어야만이 관계가 치료된다.

그리고 기도를 통해 관계를 맺어라! 사람과의 관계도 대화를 통해 만들어지는 것처럼 하나님과의 관계도 기도라는 대화를 통해 개선될 수 있다.

자신과의 관계가 건강하다면, 새로운 신분으로 바뀐 자신을 선포해라! 나는 하나님의 자녀이고, 하나님으로부터 창조된 자이다. 상대적인 나가 아닌 창조적인 나를 선포해라! 그럴 때 성령님이 중매하시어 기적처럼 모든 관계가 사랑의 관계로 회복이 된다.

감정이나 이성이 아닌, 머리에서 가슴으로 은혜로 회복된 관계를 관계영성이라 칭한다. 하나님과의 관계회복을 통하여 예수 그리스도의 심장과 마음을 품는 것이 영성이다. 관계영성은 이기적인 자아가 이타적인 사람으로 바뀌고 성숙됨을 말한다.

관계영성으로 이기심을 잡자.

온리영성

"주가 쓰시겠다면…"

예루살렘으로 입성하시는 예수님 이야기이다. 역사적인 일
에 쓰임 받은 나귀 새끼는 준마도 아니고 훈련 받아 노련한 말
도 아닌 한 번도 사람을 태워보지 못한 나귀 새끼, 작고 왜소한
나귀 새끼였다. 그러나 한 번을 쓰여도 값지게 쓰인 나귀는 예
수님의 사역에 중요한 존재가 되었다. 오직 한 분을 위해 준비
된 나귀를 생각하면서, 오직 한 분을 위해 살고 죽는 일, 그것이
곧 온리의 길이라는 생각이 든다. 오직 하나(Only)라는 뜻을 가
진 온리영성은 기독교 영성에 잘 맞는 영성이다.

파블로 피카소(Pablo Picasso)는 어느 날 집 주위를 산책하다가 고장 나서 버려진 자전거 한 대를 발견하였다. 그는 버려진 자전거를 자기 집으로 가지고 들어가 안장과 핸들을 떼어내고는 그 안장에 핸들을 거꾸로 붙이고 그 이름을 '황소머리'라고 지었다. 지금 이 버려진 자전거로 만들어진 황소 머리는 몇 백억을 호가하고 있다.

또한, 마르셀 뒤샹(Marcel Duchamp)이라는 예술가는 버려진 변기통을 잘 닦아서 합판 위에 세워놓고 '샘'이라고 명명했다. 지금 이 작품도 몇 백억을 호가하고 있다.

피카소는 황소머리를 완성한 후에 비록 쓰레기라 해도 위대한 예술품의 재료가 될 수 있다고 말했다. 버려진 자전거나 버려진 변기통이 위대한 예술가의 손에 의해 훌륭한 예술품으로 탄생한 것이다. 낡은 붓일지라도 훌륭한 화가의 손에 붙들리면 사람을 감동시키는 작품이 탄생한다.

예수님께 쓰임 받은 나귀 새끼는 지금도 성지에서 예수님을 상기시키는 특별한 존재가 되었다. 아마도 동물의 세계에서 가문의 영광이 되었을 것이다.

내가 온리영성으로 하나님을 섬기는 것은 하나님이 나를 유일무이한 존재로 창조하셨기 때문이다. 모든 영성의 통일성은 평생 훈련해야 하는 부분이듯, 온리영성 역시 단순히 깨달아서만 되는 것이 아니라, 자신을 작품화 시키기 위하여 정체성과 가치성, 희소성을 찾아가는 사람이 온리영성에 성공한다.

영성이라고 하는 것은 딱 하나로 결론짓고 규정지을 수 없는 것 같다. 영성의 핵심은 하나님과의 바른 관계인데 그것은 내 입장에서의 바른 관계가 아니다. 철저하게 하나님의 입장에서, 하나님의 관점으로 보는 것이다. 나는 하나님을 잘 알고 잘 믿는 것 같지만 하나님이 나를 어떻게 보는가가 중요한 문제다. 창조주와 피조물과의 관계 속에서 하나님의 관점, 하나님의 입장에서 세상을 보고 나를 본다면 하나님이 달라지는 것이 아니라 나의 시야와 나의 마음이 달라진다. 나의 관점을 바꾸고, 일치점을 찾아가는 것이 영성의 길이다.

"유일무이"라는 말은 "Only 영성"을 잘 나타내 주는 말이다. 하나님이 나에게 유일무이한 분이시면, 나 역시 하나님께 유일무이한 존재라는 답이 나온다. 하나님을 보는 관점이 곧 나를 바르게 보는 관점이 된다. 하나님은 나를 많은 사람 중의 하나로 보지 않으신다. 유일한 존재로 보신다. 그러기에 나는 상품이 아닌, 그분의 작품이 되는 것이다. 피카소나 마르셀의 손에 올려진 것들이 작품이 되어 유일무이한 작품이 되는 것처럼, 나도 창조주 하나님에 의해 창조된 유일무이한 존재임을 깨닫는 것이 온리영성이다.

영원할 것 같은 이성간의 사랑, 많은 사람들이 '이 사람 아니면 죽을 것 같다.'라는 감정을 느끼기도 한다. 그러나 이성적인 사랑은 오래가지 않고 지켜지지 않는다는 약점을 가지고 있다. 그 사랑은 사랑을 감성에 심기 때문이다. 감성은 없어서는 안 되는 성품이지만 깊이보다는 아름다움에 속한다. 이성 역시 온리일 수 없고 유일무이일 수 없다. 이성이 뼈대가 되어 줄 수는 있지만 온리라 붙이기에는 부분적이다.

유일무이, 온리영성은 영적인 관계이다. 영원할 수 있는 유일한 영역, 전인적으로 지배하고 다스릴 수 있는 총체성을 가지고 있는 영역이 영적인 영역이다.

"Only 영성"이라고 했을 때 떠오르는 것은 무엇일까? "유일하심, 유일무이, 오직 한 분, 오로지, 올인, 전부, 절대적…"

온리는 그 무엇으로도 대체할 수 없는 것이다. 그러므로 특별한 관계에만 붙일 수 있어서 온리인 것이다. 그래서 온리는 나를 특별한 사람으로 만들어 준다. 어떤 것으로도 대신할 수 없는 유일한 존재, 물론 우리의 믿음의 대상 역시 오직 창조주 하나님, 우리의 구세주이신 예수 그리스도, 그리고 성령 하나님뿐이다.

유일신앙을 가지고 있는 사람의 중심에는 단순함이 있다. 그러나 다신신앙을 가지고 있는 사람의 중심에는 복잡함이 있다. 단순하면 순종하기 쉽다. 하지만 다신신앙은 갈등하게 된다.

"해야 하나 말아야 하나."

"이것이 좋을까 저것이 좋을까."

"지금 이것을 선택했다가 더 좋은 것이 생기면 어떡하나."

이것은 신앙이 아니다. 신앙은 손해나 아픔이 있을지라도 올인하는 것이다. 이기심은 올인의 용기나 믿음의 장애물이 된다.

또한, 유일신앙을 가지고 있는 사람은 겉과 속이 일치한다. 그러나 다신신앙은 자기 유익에 따라 움직인다. 유일신앙은 심지가 견고해서 흔들 자가 없다. 마지막까지 남는 한 사람, 그 한 사람은 온리영성의 사람이다.

온리영성의 신앙을 갖고 있는 사람들은 그 이름 앞에 순교자라는 이름, 혹은 성자라는 이름이 붙여지기까지 올곧게 신앙의 길을 간다. 하나님이 보시기에 신뢰할 만한 그 한 사람, 끝까지 견디고 인내하고 좌로나 우로나 치우치지 않는 신앙은 온리신앙이다.

우리가 유일신앙을 지켜내는 데는 이러한 '심지의 견고함'이 중요하다. 심지가 견고하지 않고 중심이 세워지지 않으면 온리영성, 유일하심, 유일무이와는 거리가 멀고 상관이 없게 된다. 온리영성은 최고의 기독교 영성이다.

온리영성은 피의 길이고, 좁은 길이다.

온리영성으로 자신을 작품화 합시다.

chapter 09

언약영성

이 "언약영성"은 다른 것과는 다르게 "언약과 신학"이 대칭하여 뿌리가 내려 세워져야 성장과 열매를 얻을 수 있다. 하나님은 사람을 언약적 관계로 만들어 놓으셨다. 인간에게 자연을 허락하시고 유일하게 사람과 언약적 관계를 세우셨다. 이 언약은 하나님이 창조하신 인간을 사랑하는 방법이다. 이것을 "언약신학"이라 붙여본다.

언약은 하나님을 위해서 필요한 것이 아니라, 연약한 인간을 위해서 필요한 것이다. 바로 여기서부터 하나님의 사랑과 은혜가 시작된다. 먼저 이 언약을 파기한 것은 인간이다. 창조 언약

을 죄로 인해 파괴한 것이다. 언약의 파괴로 하나님과의 관계
도 자연과의 관계도 갈라지기 시작했다. 그러나 하나님은 끊임
없이 새 언약으로 관계를 이어오셨다. 하지만, 인류는 언약 안
에 있는 믿음의 사람과 언약을 무시하고 사는 세상사람으로 나
뉘어졌다.

하나님은 믿음이라는 다리를 놓아 주시고 언약의 관계로 회
복시키기 위해 끊임없이 은혜를 베푸신다.

하나님의 은혜의 언약적 관계 속에서 우리가 반드시 따라야
하는 언약이 있다. "행위언약"이다. 행위언약은 곧 순종이다.
창조주 하나님의 언약의 목적은 피조물인 인간을 축복하시기
위함이다. 하나님의 언약이 불합리하다고 속삭이는 것은 사단
이다. 언약의 축복을 받으려면 순종으로 행위언약을 이루어가
야 한다.

행위언약이 무엇일까? 하나님 말씀을 믿고 순종하는 것이
다. 우리가 할 수 있는 것은 믿고 순종하는 것외에는 없다. 믿는
만큼의 순종이 따르는 것이다. 믿음과 순종은 반사적이기 때문
이다. 완전한 순종으로 언약의 체결이 어려운 인간들을 위해
하나님은 마지막 "피의 언약", 예수님을 언약의 제물로 삼으신

다. 이 피의 언약에 대한 인간의 반응 역시 '믿음'이다. 하나님의 사랑을 믿고, 예수님의 보혈의 공로를 믿음으로 피의 언약 체결이 이루어지는 것이다.

또 하나의 언약은 "축복을 위한 사명언약"이다. 사명언약은 사랑과 은혜에 보답하게 위하여 하나님의 사랑을 실천하는 것이다. 하나님의 취미이신 축복, 이 모든 언약은 사명을 통해 오는 축복언약이라는 사실을 믿어야 한다.

언약영성은 하나님의 마음, 진심을 헤아려가는 것이다. 왜 언약이 필요했을까? 인간에게 자유의지를 주심으로 로봇처럼 살지 않게 하시기 위함이고, 자유의지를 통해서 올바른 선택을 했을 때, 그 선택의 결과를 보장하시기 위함이다.

언약 안에서의 순종에도 차원이 있다. 두려워서 순종하는 사람, 자기의 위치 때문에 체면을 지키기 위해 순종하는 사람, 은혜에 감사하여 순종하는 사람. 그러나 진정한 순종은 은혜에 감사, 감격해서 순종하는 것이다.

하나님을 향한 절대적인 믿음이 언약을 성취한다. 하나님을 향한 신뢰가 끝까지 인내할 수 있게 만든다. 하나님에 대한 사랑이 순종하게 한다. 이것이 언약적 관계이다. 인생의 빨간 불이 켜지면 멈추어서 삶의 방향을 점검해라. 삶의 속도를 점검하고 말씀의 GPS(위치추적기)가 잘 작동되고 있는지 점검해라. 멈춤은 낭비가 아니라 언약을 이루는 과정에서 값진 투자가 될 것이다.

가재는 성장할 때마다 껍질을 벗어낸다. 우리도 가재와 그리 다르지 않다. 잘못 형성된 껍질을 벗어내지 못하면 그것이 나의 감옥이 된다. 변화하고 성장하기 위해 우리는 때때로 그동안 의존해 온 우리의 껍질 즉 구조나 외형을 벗어버려야 한다. 우리도 가재처럼 새 껍질은 좋아하지만 옛 껍질을 벗기까지의 과정은 싫어한다. 하나님의 새 언약으로 새 인생을 소망한다면 가재가 성장하기 위해 옛 껍질을 포기해야 하는 것처럼 우리도 언약의 주인공이 되기 위하여 지속적인 성장과 성숙을 위해 껍질을 벗는 훈련이 필요하다.

언약영성은 기다림이다. 곡식이 익고 과일이 무르익는 것은 기다림의 결과이다. 맛을 더하고 멋을 더하는 것은 기다림이다. 기다림은 고통이지만 동시에 축복이고 환희이다. 아직도 성취되지 않은 언약이 있다 할지라도, 낙심하지 말기 바란다. 내가 언약을 파괴하는 부분은 없는지 점검이 필요하다.

우리에게 은혜의 언약을 베푸셨다면, 우리는 순종으로 반응할 때 하나님의 뜻을 이루어 갈 수 있다.

하나님과 우리의 거리감을 좁힐 수 있는 방법은 조건 없는 순종으로 하나님께 신뢰받는 것이다. 하나님과 마음을 일치시킴으로 하나님께서는 하나님의 뜻을 이루어가시고 우리는 하나님의 창조 목적을 이루어가게 된다. 예수님께서 십자가상에서 마지막으로 "다 이루었도다."라고 하신 말씀은 우리의 간절한 바람이다.

언약영성은 성경을 중심으로 말씀 위에 세워져야 한다. 신학과 영성이 대칭을 이루어야 한다.

첫째, 철저히 하나님을 믿어라. 둘째, 철저히 순종하라. 셋째, 하나님의 목적을 찾아라.

이것이 사명이다. 사명을 완수하기 위해서는 하나님의 뜻을 따라야 한다. 영성에서 중요한 것은 깊이이며, 그 깊이는 하나님을 아는 만큼 깊고 성숙해진다. 피조물인 인간이 다 알 수 없다. 아마 천국에 가도 마찬가지일 것이다. 자녀는 부모를 다 알수 없지만 부모가 되면 이해할 수 있다. 하지만 우리는 죽었다

깨어나고, 부활하고 부활해도 하나님을 다 알 수 없다. 고로, 진짜 영성가는 이단이 될 수 없다. 내가 예수님이 될 수 없고, 성령님이 될 수 없다는 것을 알기 때문이다. 그러므로 하나님의 말씀인 성경을 믿어라. 그리고 말씀 안에 담긴 하나님의 사랑을 믿어라. 언약의 파괴자가 되지 말자. 말씀과 신학적 근거로 언약을 붙잡아라.

언약영성에 반드시 신학적 개념을 세워야 하고, 신학적 개념뿐만 아니라 하나님의 마음, 하나님의 뜻과 일치시켜야 한다. 다른 영성들은 감성적인 부분이 많다면 언약영성은 성경과 이성, 신학과 감성이 함께 가야 하는 영성이다.

예수님은 언약의 중보자시니 더 좋은 약속으로 우리를 위해 중보하실 것을 언약하셨다. 무흠하신 예수 그리스도를 통해 언약영성으로 약속의 기업을 받자.

chapter 10

칼끝영성과 송곳영성

 신학과 종교 그리고 말씀과 기도 이 모든 것을 통틀어 집약한 영성이 하나님의 성향과 성품이라면 이 영성이야말로 칼끝과 송곳의 의미가 아닐까 생각해 본다.

 신앙 안에 많은 단어들이 있다. 믿음, 사랑, 소망, 은혜 등…. 이 모든 것은 우리가 담아내야 하는 '영성'이다. 하나님을 아는 지식과 말씀과 이론들을 삶으로 옮겨놓는 훈련은 어쩌면 그 어떠한 훈련보다 고난이도의 훈련이다. 영성은 나를 창조하시어 존재케 하시는 창조 목적을 찾아가는 훈련이고, 예수 그리스도를 모델로 하여 신의 성품, 인격을 닮아가는 훈련이다.

칼끝영성은 누가복음 2장 35절을 근거로 하여 오래 전 기도 중에 주님이 주신 은사였다. 시므온은 화려하지 않은 인생이지만 평생을 성전에서 예언의 말씀을 붙잡고 오직 메시아 예수님을 기다리는 초집중적인 신앙으로 일생을 살아왔다. 집중과 초점을 잃지 않고 메시아를 기다렸던 시므온은 아기 예수가 그 부모와 함께 성전에 들어올 때 예수님을 첫눈에 알아보고 예수님에 대한 예언을 한다.

칼끝영성은 집중과 초점의 힘이고 능력이다. 올바른 방향을 넘어 온 힘을 다해 집중하고 모든 것을 희생하여 그곳에만 초점을 맞춘다. 그럴 때 나오는 하늘의 빛이 중심으로 모이면서 나타나는 능력이다. 깊은 곳까지 통찰하는 능력이다.

칼날이 하나님의 지혜라면 칼끝은 하늘의 능력이다. 기도 중에 가슴에 나타나는 성령의 흔적들을 보면서 성령의 일하심을 느끼게 된다. 칼끝은 감추어지고 숨겨진 것들을 드러나게 하시는 성령의 일하심이다.

칼은 반드시 칼집이 있어야 안전하다. 칼집이 없으면 흉기가 될 수 있다. 영성에서도 칼끝영성을 통해 하나님의 영광을 드러내기 위해서는 성숙한 인격의 칼집이 있어야 한다. 칼과 칼집은 완전한 세트가 될 때 은혜의 도구가 된다.

반면에, 송곳영성도 있다. 송곳은 찌르는 것이 목적이 아닌 뚫는 것이 목적이다. 송곳은 관통한다. 작은 구멍으로부터 큰 원을 그리며 막힌 것을 무너뜨리는 다이너마이트의 힘을 가지고 있다. 송곳은 하나 됨의 시작이고 접착과 일치를 목표로 둔다. 또한, 물건과 물건을 하나로 만드는데 핵심 역할을 한다. 영적인 깊은 의미가 담겨져 있다.

그런데 그 뾰족한 송곳의 힘은 어디서 나올까? 자루 곧 송곳의 손잡이에서 나온다. 송곳의 손잡이는 인격이다. 인격이 준비되지 않은 사람은 이것이 흉기가 된다. 사람을 찌르는 묘한 습성… 좋은 의도가 아닌 한 방에 상대를 굴복시키고자 하는 교만함에서 나오는 찌름이다. 바늘로 찌르듯 보이지 않는 흉기이다.

칼과 송곳이 하나님의 선물인 은사라면, 말씀으로 다져진 인격은 필수 요건이 된다. 은사는 자기 자신에게 먼저 적용해야 한다. 그리하여 하늘에서 내려오는 지혜로 은사를 감당해야 한다. 하늘의 지혜는 성결이고 화평이고 관용과 양선이며 긍휼과 선한 열매이므로 편견과 거짓이 없이 행해야 한다. 그럴 때 의의 열매가 풍성히 맺히는 것이다. 은사 사용에 대한 성경적 철칙이 부족하여 열매를 맺지 못하는 안타까움이 있다.

송곳영성은 신명기 15장에 종신형의 종이 사용했다. 주인의 은혜에 감사해서 그 사랑에 보답하고자 주인의 곁에 평생 있고자 할 때 사용하는 송곳이었다. 우리도 십자가에 자신을 못 박으면 종신형의 종이 될 뿐 아니라 나의 옛 사람은 죽고 새로운 내가 탄생한다. 송곳의 이론은 손잡이만큼 끝의 힘이 가해진다는 것이다. 인격만큼 하늘의 능력을 주신다는 것이다.

송곳영성의 핵심은 십자가에 나를 못 박는 것이다. 예수님의 죽음이 나의 죽음이 되고 예수님의 부활이 나의 부활이 되도록…

송곳영성은 분리가 아닌 일치의 영성이다. 이제 이후로 내가 살아가는 것은 내가 사는 것이 아니라 내 안에 예수님이 사시는 것이다. 예수님을 닮아가는 차원이 아니라 내 안에서 예수님이 나타나게 하는 것이다. 육적인 나를, 이중적인 나를, 십자가에 송곳으로 못을 박는 것이다.

교만을 십자가에 못 박으면 겸손이 나온다. 육체의 정욕, 이생의 자랑, 안목의 정욕을 못 박으면 성결, 거룩, 성화가 나온다. 곧 경건의 능력이다. 영적인 게으름을 십자가에 못 박으면 성실함과 진실함 그리고 영적인 민감함이 나온다. 이 영적인 민감함은 영적인 분별력과 함께 송곳영성이 된다.

송곳영성은 은혜의 집에 넣어 두어야 바르게 사용될 수 있다. 칼은 칼집에, 송곳은 은혜의 집에…

칼끝과 송곳영성으로 하늘의 능력을 소유하자.

chapter 11

기름영성

"주님, 어노인팅(anointing) 내게도 성령의 기름부음이 지
속되게 해 주소서. 주어진 사명을 통해 하나님의 영광이
나타나게 하소서."

　성령 하나님은 천지를 창조하시는 성부 하나님을 도우셨고,
성자 하나님의 구속의 사역에 함께하셨듯이 우리의 사역 안에
기름부음을 간절히 소망한다. 삼위일체 하나님의 친밀한 동행
속에는 파트너십과 동역자십으로 철저히 자기의 역할과 상대
의 자리를 인정하는 모습을 흠모하게 된다. 합력하여 선을 이

루어낸 창조의 완성과 구속의 완성은 사명자들에게 큰 교훈이 되고 소망이 된다.

기름하면 떠오르는 것이 무엇일까? 부드러움, 윤활유, 에너지, 치유, 맛 등… 그러나 기름은 그 이상의 의미가 있다는 사실을 알고 있다. 성령님을 상징하는 기름영성.

우리는 흔히 기름부음과 성령님을 사모하는 목적이 잘못되는 경우가 많은데, 이는 성령님을 단편적으로 보고 또는 오해하는 경우이다.

그분을 초대하는 목적이 기적과 이사에만 기인하는가? 이적과 기사라면 누구를 위한 기적인가? 성령님의 기름부음은 인격적으로 나타나야 한다. 성령님을 우리는 인격자라 부르기도 한다.

그분과 동역하기를 원하는 마음은 사역을 하는 모든 사람의 바람이다. 성령의 기름을 주유하기를 원한다면 먼저, 혼합성 싸구려 기름을 제거해야 한다.

나의 마음과 생각을 순수한 고품질의 기름으로 채우기 위해 먼저 내 생각의 방출이 필요하다. 지금까지 고정화되어 있다든지 트라우마 되어 있는 부분이 있다든지 잘못된 가치관을 가지고 있는 것이 있다면 방출시키고 새 영, 질 좋은 기름으로 채워야 한다.

혼란스럽고 생각이 복잡한 것은 다양한 노선을 가지고 있다는 것이고, 마음의 기쁨과 평안이 없다는 것은 단순화 되지 못하여, 욕심으로 인한 호기심이 불러온 쓰레기들 때문이다.

예수님의 보혈로 생각의 창고를 방출하고 씻어내자. 생각에 기름부음이 가슴에 채워지면 단순하고 순수하여 성령의 에너지로 송곳 같은 집중력이 생긴다. 기름영성으로 성령님이 일하게 하시려면 마음의 방을 오픈해야 한다. 그리고 질서와 조화로 마음의 방을 가꾸기를 소망해야 한다. 그리스도인이 기름부음이 없이 무엇을 하려고 한다면 그것은 실패를 계획하는 것과 같다.

생각의 기름부음이 있어야 가치관의 전환이 일어나고, 마음의 기름부음이 있어야 평안함이 찾아온다. 가정에도 기름부음이 없다면 아마도 늘 다툼과 불협화음으로 평화와 화목이 깨어질 것이고, 교회 공동체나 사역에도 기름부음이 없다는 것은 기름 없이 기계를 돌리는 것과 같이 위험한 일이다.

연료 없이 자동차가 달린다고 생각해 보자. 연료가 떨어진 자동차를 운전하면서 안전하게 해달라고 기도하는 것이 합당하겠는가? 사역과 목회에도 기름부음이 없다면, 내 힘으로 하겠다는 무모한 일이 될 뿐인 것이다.

기름부음은 마귀와 세상을 이길 수 있는 유일한 능력의 근원이다. 우리의 싸움은 혈과 육에 속한 싸움이 아니므로 오직 성령의 기름부음의 힘으로 하늘의 능력을 얻는 자만이 승리의 영광을 누릴 수 있다.

세상을 이기고 싶은가? 영적인 세계를 지배하고 싶은가? 정복하고 다스리고 싶은가? 성령의 기름부음을 충만히 받아라!

나는 성령님의 기름부음이 아니면 한순간에 깨질 수 밖에 없는 유리와 같다. 내 안에는 하나님을 믿는 역동적인 파워가 있다 해도 끝까지 롱런하려면 기름부음은 절대적인 것이다.

기름부음의 역사는 하나님의 선하심을 보게 한다. 눈이 밝아지는 은혜를 맛보게 한다. 예수님의 보혈의 능력으로 연약한 우리가 하늘 문을 열 수 있는 능력을 얻게 된다. 이것이 기름부음의 힘이다. 부드럽지만 모든 것을 해결할 수 있는 힘이고 능력이다. 기름부음으로 성령의 충만함이 흘러가고 전이될 때 영향력 있는 사람이 된다.

생각 없는 믿음은 맹신이고, 믿음 없는 생각은 불신이다. 하나님은 뜻을 정하시고 영광을 받으시는 분이다. 아무리 내가 좋은 뜻을 가지고 있다 해도 내 힘만으로는 완성할 수 없다. 반드시 성령님의 기름부음이 있을 때 어떠한 장애물도 물이 흐르듯 이겨내고 이루어 낼 수 있다.

예수님은 하나님의 뜻을 100% 완성하신 분이시다. 성령님은 하나님의 뜻, 예수님께서 이루신 것을 보존하시고 증거하시고 확장하시는 분이시다. 우리는 성령님의 기름부음이 가시적으로 나타나는 능력과 은사, 기적과 이사로만 몰아가면 안 된다.

토저 목사님은 이 시대는 성령 없이도 교회가 부흥될 수 있고 성령의 기름부음이 없이도 목사들이 유창하게 설교할 수 있는 시대라고 했다. 성령을 받아 능력을 행하는 사람들을 배우고 모방하려 한다. 그러나 우리는 성령의 모방이 아닌 기름부음으로 성령의 사람이 되어야 한다.

성령의 기름부음이 내적으로 임하면 먼저 인격이 바뀐다. 겸손과 순종 그리고 감사로 인격을 만들어 가고 그 안에 기쁨과 평안, 화평과 소망으로 충만해진다. 성령의 충만함은 내적인 것이 외적으로 흘러넘치는 것이다. 은사로 하나님의 능력을 행하게 된다.

당신은 정말 예수님으로 충분합니까?
당신은 정말 하나님의 사랑으로 은혜 안에 있습니까?
당신은 정말 성령님의 임재, 기름부음으로 인격의 열매를 맺어가고 있습니까?
당신의 삶에 영향력은 어디로부터 나오는 것입니까?
당신이 가장 친밀하게 동행하고 싶은 분은 누구입니까?

물음의 답이 성령님이시길 바란다. 성령님과 친밀하려면 신분이 확실해야 한다. 하나님의 영광을 위해 끝까지 달려갈 수 있는지, 예수님에 대한 절대적인 믿음이 있는지, 신분이 확실할 때 성령님이 임재하실 것이다. 성령님은 인격의 하나님이시기에 소속과 신분, 인격이 확실하다면 보혜사로 우리에게 오셔서 우리를 위해 보호자, 상담자, 돕는 자, 위로자로 동역해 주실 것이다.
성령님과 친밀해지려면 죄에 대해서 민감해야 한다. 성령님은 죄가 있는 곳에 거하시지 않으신다. 죄가 성령의 조명으로 드러날 때 가리거나 변명하거나 투사하거나 숨지 말라. 바로 고백하고 회개하면 된다. 성령님을 정말 갈망한다면, 내 안에 있는 호기심을 버리고 대신 사모함을 가져라. 사모하고 갈망할 때 성령님이 오신다.

내 인격 위에 기름 부으소서!
내 사역 위에 기름 부으소서!
이 땅 위에 기름 부으소서!

chapter 12

섬김영성

　나는 산과 바다가 사면으로 둘러싸인 그림 같은 섬에서 목회를 하고 있다. 사면이 가로막힌 것 같으나 창공이 열려 있어 영과 혼의 세계가 아름답게 그려진 곳이다. 내가 사는 이곳의 모든 것이 내가 영성 훈련을 하는데 교과서가 되어준다.

　매일매일 하나님의 섭리를 거스리지 않는 바다는 밀물과 썰물을 통해 영적인 교훈을 준다. 바다는 30년이 지나도 처음 보는 것처럼 은혜가 된다. 썰물이었을 때의 바다는 나의 옛 자아를 보는 듯하고, 물이 바다를 덮어 은하수를 깔아 놓은 듯 수정 같은 유리 바다는 한없는 하나님의 은혜를 생각하게 한다. 보이지 않는 바다 속을 상상해 본다. 얼마나 아름다운 세계가 펼쳐지고 있을까? 아마도 하나님의 섭리가 신비로운 만큼 많이 담겨 있을 것이다.

뿐만 아니라, 창문 너머로 보이는 크지도 작지도 않은 구봉산이라 불리는 아름다운 산이 있다. 그 산을 바라보면, 입가에 미소가 띠어진다. 왜냐하면 그 산 안에는 계절마다 다른 아름다움이 있기 때문이다. 개나리와 진달래 각종 이름 모를 꽃들이 조화를 이루고 계절마다 옷을 곱게 갈아입는 나무들은 찾는 이들의 마음을 행복하게 해준다. 또한, 깊은 산 속의 약수터는 산속을 찾는 손님들에게 쉼이라는 여유를 주기에 생각하는 것만으로도 영적인 시원함을 주는 듯하다.

그런데 나는 이 산을 바라보며 느끼는 영성이 있다. '섬김영성'. 겉으로 보이는 산은 단순하다. 하지만 산속으로 들어가면 겉보다 훨씬 더 인간에게 유익을 준다. 산 전체가 인간을 섬겨주는 것이 느껴진다. 산을 바라보면서 떠오르는 단어는 섬김이다. 물론 자연의 창조목적이 인간을 위한 창조였지만 창조의 목적을 잃어버리고 살아가는 인간들에 비해 자연은 하나님의 뜻을 잘 따르고 있다.

섬김이란 단어는 그리스도인들이 가장 가까이 접하는 단어이지만 삶 속에서 실천하는 데는 거리가 먼 것 같다. 아름답고 찾는 이들을 만족시키며 행복을 안겨주는 산이 눈앞에 보임에도 불구하고 자주 아니 거의 찾지 않는 것처럼 말이다. 섬김은 섬김을 받는 사람보다 섬기는 사람의 행복이 더 크다.

예수님의 섬김의 영성을 본받아 평생 섬김의 삶을 사신 분이 바로 성녀 마더 테레사(Mother Teresa)이다. 테레사 수녀는 한평생 인도 콜카타(Kolkata)의 빈민촌에서 버림받고 굶주린 이들, 가난과 고통에 짓눌린 이들을 위해 헌신의 삶을 살았다. 위대한 헌신의 삶을 산 테레사 수녀지만 헌신의 시작은 작은 것의 실천에 있었다. 테레사 수녀는 이렇게 고백한다.

"나눔이란 숟가락 하나 더, 밥 한 그릇 더 놓는 일이다. 우리는 이 세상에서 위대한 일을 할 수 없다. 단지 위대한 사랑을 갖고 작은 일을 할 수 있을 뿐이다."

어떤 사람이 테레사 수녀에게 물었다.

"하나님이 계시는데 왜 세상에는 가난하고 고통 받는 사람이 있습니까?"

"그것은 우리가 나누지 않고 사랑을 실천하지 않기 때문입니다."

그가 또 물었다.

"그러면 어떻게 하면 가난을 해결하고 평화로운 세상을 만들 수 있습니까?"

"당신을 포함해 우리 모두가 서로 조금씩 나누면 됩니다."

모두가 서로 섬기는 세상, 나눔과 섬김이 충만한 세상, 테레사 수녀가 꿈 꾼 그 세상은 예수님의 당부이시고 몸소 실천하신 부분이었다.

"가난한 이들의 어머니, 살아있는 성녀, 만인의 어머니를 잃었다."

전 세계인들은 그녀의 죽음 앞에 이렇게 애도했다. 테레사 수녀는 가진 것 없는 빈손이었지만, 가난하고 불우한 이웃을 돕는 데는 하나도 부족함이 없다고 말했다. 섬김에 관한 그녀의 일화는 수없이 많다.

미국 의회의 자리에는 많은 명사들이 와서 강의를 하곤 하는데, 한 번은 테레사 수녀가 강연을 하였다. 미국 사람들의 인격이나 특성상 굉장히 강한 박수갈채를 보내야 했지만 그때만큼은 그 자리 자체가 너무나도 엄숙했고 숙연했다. 그 이유는 테레사 수녀의 마지막 멘트 때문이었다.

"섬길 줄 아는 사람이 다스릴 자격이 있습니다."

반대로 이야기하면 섬길 줄 모르는 사람은 다스릴 자격이 주어지지 않았다는 것이다. 이 멘트를 테레사 수녀가 마지막으로 했을 때, 그 자리가 숙연해지면서 어느 누구도 박수로 그 분위기를 흩어놓을 수 없을 만큼 엄숙했다고 한다.

우리도 그의 성경적인 믿음과 사랑의 섬김을 본받아서 실천하되, 사랑과 섬김은 물질로만 하는 것이 아니라 따뜻한 마음으로 할 수 있는 일임을 깨닫는 삶이 되어야 한다.

오늘도 우리가 호흡을 하고 우리 몸을 움직여 활동하는 것 자체가 축복이다. 섬김은 남을 위해 나에게 아주 소중한 것, 심지어 목숨까지도 아낌없이 바치는 것이다.

믿음으로 구원받는 기독교 신앙이 왜 빛을 발하지 못할까? 생각해 보면 은혜로 받은 구원은 전부를 드리며 헌신해도 부족할 것 같은데 말이다. 마치 열매만 따먹고 입을 씻는 얌체와 같은 신앙을 가지고 살아가기 때문이다. 우리가 은혜로 구속을 받았으면 보답하는 삶을 살아야 한다. 그것이 섬김의 영성이다.

눈 앞에 보이는 아름다운 산에 올라가면 산은 결코 나의 땀과

힘듦을 배신하지 않는다는 것을 경험하면서도 그 산을 바라만 보는 것 같이, 우리의 섬김도 마찬가지다.

하나님이 없는 사람은 섬김이 아닌 군림을 즐긴다. 우리 인간의 마음속에는 높아지려는 마음과 섬김을 받으려 하는 마음들이 죄의 뿌리로 너무 깊이 자리 잡고 있다. 성경에서는 너희가 섬김을 받고자 하면 섬기는 자가 되고, 너희가 으뜸이 되고자 하면 종이 되라고 말씀한다.

섬김이란, 사람들이 받았을 때 행복해하지만 내가 할 수 있을 때는 섬김보다는 군림을 선택한다. 물론 섬긴다는 것이 위치마다 다를 수 있지만 기본적으로 우리에게 이러한 섬김의 영성이 깔려있지 않으면 안 된다.

섬김의 영성은 왜 절대적으로 필요한 것일까? 예수님은 섬기는 자로 오셨지만 영권과 리더십을 갖추고 계셨다. 예수님의 제자들에게는 예수님의 제자라는 표식이 있었는데 그 표식은 바로 "섬김과 순종"이었다.

영성의 최종적인 목표는 "예수님으로 살기"이다. 예수 닮기의 핵심 가치는 "섬김과 순종"이다. 섬김에도 규칙이 있다.

첫째, 은혜 위의 섬김이어야 한다. 은혜가 베이스 되지 않으면 기쁨도 없고 감사도 없고 능률도, 창조성도 없다.

둘째, 사랑 위에 섬김이어야 한다. 사랑 없는 섬김은 절대 기쁨이 될 수 없다.

셋째, 겸손 위에 섬김이어야 한다. 나의 의가 아니라 당연히 해야할 일을 했을 뿐이라는 마음이 필요하다.

섬김에도 수준이 있다. 노예의 수준과 종의 수준이다. 우리는 노예가 아닌 종이다. 사람을 의식하면 노예이고, 하나님을 의식하면 종이 된다. 더 중요한 것은 우리가 사람의 종이기 이전에 하나님의 종이라는 것이다. 예수님께서는 사람을 섬기러 이 땅에 오셨지만 하나님의 사명을 받고 오셨던 것처럼 우리에게도 섬기면서 권위가 있어야 하고, 리더십이 있어야 한다. 이것이 생명이다. 생명의 섬김은 복음적 가치에 목표를 두지 않으면 안 된다.

세속적인 가치의 리더십은 지배적이고, 자기 능력 과시, 군림, 권위… 이런 것들을 내포한 교만이다. 그러니까 갑이 생기고 을이 생기는 것이다. 반면, 복음적 가치의 리더십은 목표가 분명하다. 하나님 나라의 확장이며, 공동체의 유익이고 하나님께 영광 돌리는 것이다. 이 큰 틀을 우리가 놓쳐서는 안 된다.

종의 자세로 섬기려면 자기 비움이 필요하다. 자기를 비우지 않으면 섬김의 흉내는 낼 수 있지만 섬김의 종의 자리까지 절대 내려가지 못한다. 또한, 내가 기꺼이 낮아져야 한다. 여기서 "기꺼이"라는 표현을 쓰는 이유는 은혜와 사랑과 겸손이 내 안에 있으니, 기꺼이 낮아져도 초라해지지 않기 때문이다. 예수님께서 제자들의 발을 씻겨주셨을 때 초라하지 않았고 병든 자, 가난한 자와 함께 먹고 그들의 눈높이에 계셨을 때도 초라하지 않으셨다.

인류를 수용하는 예수님의 능력은 곧 섬김의 크기였다. 자기 주장이 없어서는 안 되겠지만 충분히 듣고, 내가 생각한 것과 상대방의 생각을 통찰력 있게 빨리 분석해낼 수 있어야 한다. 그래서 어떤 것이 더 옳은가, 더 진리 편인가를 분석하여 수용해야 한다.

이렇게 자기 내적 훈련이 되어 있을 때 종의 자세로 섬기는 자가 될 수 있다. 우리가 배우고 많이 안다고 해서 실천할 수 있는 것이 아니다. 받는 은혜가 클 때 철저히 비워지고, 기꺼이 낮아진다. 섬김의 리더는 최고의 영적 서비스이다.

섬김영성으로 인격의 열매를 거두자.

chapter 13

오늘영성

오늘의 나는 어제의 '나' 가 아니지만
오늘의 나는 어제의 내가 만든 것이다.

하루는 천 년이요, 천 년은 하루와 같다. 사람의 일생이란 나
고 자라고 시들어 죽음이 마치 하루를 지나는 것과도 같으니,
인생이란 단지 이 하루를 늘어놓은 것에 지나지 않는다.
　따라서 하루를 충만하게 사는 것은 수년을 사는 것과 다르지
않으며, 천 년도 살고나면 결국 하루에 지나지 않았음을 알게
되리라.

그러므로 이 하루가 천 년인 것처럼 살아야 하고, 목적과 방향과 중심을 뚜렷이 지녀야 하며, 선명한 색채와 삶의 향기를 지닐 수 있어야 한다.

어제는 이미 나의 날이 아니요 내일 또한 아직 나의 날이 아니니, 다만 오늘이라 하는 이 하루만이 나에게 주어진 시간임을 알기에 늘 이 하루의 영성에 귀 기울인다.

나는 잠에서 깨어나는 순간 두 손을 깍지 끼어 가슴에 얹는 습관이 있다. 습관이라기보다 내 영혼에 찾아오신 주님을 맞이하는 것이다. 그러면 반드시 응답으로 역사해 주신다. 말씀을 주시던지 기도의 제목을 주시든지…. 나는 하루의 시작을 이렇게 열면서 새벽에 더 깊이 만날 주님을 기대한다.

숨이란 하나님께서 사람의 코에 불어넣으시는 사랑과 생명의 입김이므로 이 숨에다 예수님의 이름을 결합하여 들이쉬고 내쉬면서 내 안에 계신 예수님이 이 하루도 일하시기를 소망한다.

바울 사도가 "이제는 내가 사는 것이 아니라 그리스도가 내 안에 사시는 것이라" 하신 말씀을 묵상해 본다. 나의 몸은 내 영혼의 친구이니 다정히 돌보아 청결히 하며, 우리의 목표는 몸에서 벗어나려는 것이 아니라 몸과 더불어 구원을 얻고자 함이니, 성령께서 이 몸을 성전 삼아 동행해 주시길 소망한다.

이 하루도 음식으로 인해 탐심을 부리지 않기를 다짐한다. 사람마다 각기 그 먹는 양이나 종류가 다를 수 있으나 누구에게나 공통되는 한 가지 목표가 있으니, 과식과 포만은 피하는 것이 영성에 도움이 될 것이다. '무엇을 먹을까? 무엇을 입을까?'에서 벗어나길 소망하며 "정욕을 채우려고 육신의 일을 도모하지 말라"는 말씀을 기억하며 살기 원한다. 이렇게 음식을 절제하는 것은 겸손을 실천하는 것이요, 각가지 사물에 대한 애착을 끊는 훈련이 되는 것이니 배가 잔뜩 부른 채, 욕정의 악마와 싸워 이길 수 있는 사람은 없을 것이다.

하루영성, 오늘영성에 나의 일생을 담아 본다면 노동도, 섬김도, 순종도, 희생도, 사랑도 다 내 것이 되어야 한다. 하지만 오늘이 종말이고 오늘이 끝이라 생각하면 무엇인가 조금씩은 아쉬움이 남고 완전하지 못한 나의 모습을 보게 된다.

말은 천국을 사모하고 그리워한다지만 이 땅에서 이사할 준비가 미흡하다는 것을 부인할 수 없다. 그러하기에 오늘영성에 도전하고 또 도전하여 하루영성에 성공하고 싶다. 자신의 영성에 집중이 필요한 만큼 다른 사람과의 관계도 중요하다. 오늘이 아니면 내일은 내 날이 아니기 때문이다. 나에게 주어진 기회는 오늘, 하루뿐이다.

그렇게 생각하면 만남과 대화 속에서도 신중해진다. 만남과 대화 속에서 상처를 주기도 하고 입기도 하지만 소중한 하루라면, 누구를 만나든지 아무런 전제조건이나 편견을 가지지 말고 마음을 비우고 있어야 한다. 겸손으로 무장하고 있으면 행여 악의에 찬 비난을 받더라도 평온을 잃지 않을 터이지만, 교만으로 위장하고 있으면 선의의 격려를 받아도 상처를 입으리라.

죽음 앞에서 가장 후회하는 것이 더 사랑하지 못한 것이라 한다. 사랑의 대상은 배우자, 자녀, 그리고 가까운 형제와 이웃이다. 하루, 오늘영성은 시작도 중요하고 마무리도 중요하다. 오늘을 정리하는 마음, 회개하는 것, 고백하는 것은 내일이 아니라 오늘, 지금 해야 하는 것이다.

반성은 영혼을 경건히 지키는 야경꾼이라고 하겠다. 밤에 도둑이 들었다가도 집주인이 깨어있는 것을 보면 달아나고 말듯이, 경성하며 회개하는 영혼에게는 악습의 이끼가 끼지 못한다.

영성 중에 가장 어렵고 힘든 영성이 나는 개인적으로 오늘영성이라고 생각한다. 오늘은 나의 일생이 담겨 있기 때문이다.

영성이란 무엇인가? 인간의 혼의 성품이 인성이고, 영의 성품이 영성이다. 우리가 예수 믿기 전에는 영성으로 사는 것이 아니라 인성으로 산다. 우리 가운데 인성이 좋은 사람들이 많이 있다. 착하고, 정직하고, 성실해서 법 없이도 살아갈 수 있는 사람들이 있다. 요즘은 인성이 경쟁력이라는 말을 한다. 그런데 인성은 유전과 환경의 상호작용에 의하여 만들어진다.

그러나 영성은 혼에 대한 이야기가 아니라 영에 대한 이야기다. 하나님과 분리는 죽음이고, 회복은 생명이다. 인간은 죄를 지어서 죄인이 아니라 죄인이라서 죄를 짓는다. 인간은 죄인으로 영이 죽었다. 죽은 영은 오직 은혜로 인한 예수를 믿음으로 살아난다. 예수를 믿고 살아난 '영의 성품'을 '영성'이라고 한다. 예수를 믿는다고 다 같은 영성을 가진 것은 아니다. 영성이 깊은 사람이 있는가 하면, 그렇지 못한 사람도 있다.

오늘영성을 순교적 영성이라 정의하고 싶다. 하루살이가 오늘을 살면 내일은 없듯이 하루영성은 내일은 없는 것처럼 사는 것이다. 순교적 영성은 영성의 가장 높은 차원이다. 순교적 영성이란 '나는 죽고 예수로 사는 것'이다. 예수를 위하여 죽는 것보다 예수를 위하여 사는 것이 더 어려울 수도 있다. 예수를 위하여 죽는 것은 일회적인 사건이지만, 예수를 위하여 사는 것은 수많은 유혹과 핍박 속에서 지속적으로 자신을 부인하고 자기 십자가를 져야 하기 때문이다.

바울은 "나는 날마다 죽는다."(고전 15:31)고 했다. 바울은 하루영성으로 순교자의 삶을 살았다. 성경에서 순교자의 삶을 가장 잘 표현한 단어는 '증인'(Witness)이다.

"너희는 이 모든 일의 증인이라"(눅 24:48).

"오직 성령이 너희에게 임하시면 너희가 권능을 받고 예루살렘과 온 유대와 사마리아와 땅 끝까지 이르러 내 증인이 되리라 하시니라"(행 1:8).

여기서 '증인'이란 영어로 Martyr로 '순교자'이다. 순교자의 삶을 사는 사람은 순교적 영성을 가진 사람이다. 죽음은 땅을 중심으로 생각하면 안타깝지만, 하늘을 중심으로 생각하면 본향으로 돌아가는 것이다. 죽음은 삶의 끝이 아니라 완성이다.

하루영성, 오늘영성이 순교영성이 되기 위해서는 내 안에 담긴 예수의 생명을 키워가자. 오늘영성으로 내일을 준비하여 비전을 이루자.

chapter 14

골방영성

골방에서 만나는 삼위일체 하나님…

나이가 들수록 아름답게 늙어가는 비결을 배워야 한다. 욕심을 내려놓아야 하고 집착을 버려야 할 것이다. 평면으로 보던 편견에서 상처는 치유를 넘어 은혜의 흔적으로 감사하며 살아가는 것이 인생의 아름다움이리라. 이제는 하나로 전부를 볼 수 있는 영성이 필요하기 때문이다. 이제는 많은 것이 필요없다. 하나로 전부를 보는 것, 하나로 풍성함을 누리고 최상의 기쁨과 행복을 느낄 수 있는 것을 찾아야 한다. 그 하나가 무엇일까? 바로 하나님의 마음이다. 그 문을 열 수 있는 열쇠가 있다.

전부를 열 수 있는 '골방기도'이다.

골방기도하면 떠오르는 분이 있다. 감리교를 창시하신 요한 웨슬리 목사님의 어머니 수잔나 웨슬리이다. 가난한 탄광촌에서 목회하는 목사의 아내였지만 골방기도를 통해 '세계는 나의 교구다'라고 외쳤던 감리교를 창시한 요한 웨슬리를 키워냈다. 19명의 자녀를 낳아 기르면서 그는 이렇게 고백한다.

"제게는 일하는 시간이나 기도하는 시간이나 마찬가지입니다. 저는 수많은 사람들이 서로 다른 일을 하느라 온갖 소음과 떠드는 소리가 가득한 부엌에서도 마치 거룩한 제단 앞에 무릎을 꿇고 있는 것처럼 하나님의 놀라운 평화를 누릴 수 있습니다."

그는 물론 일하는 것 자체를 기도의 연장이라 고백하지만 특별한 골방의 기도시간을 갖는다. 시간을 정해 놓고 부엌에서 앞치마를 머리에 뒤집어쓰고(그곳이 골방) 하나님께 집중된 기도를 드렸다.

가난한 탄광촌에서 목회하는 목사의 아내였던 수잔나는 감리교의 창시자 요한 웨슬리의 어머니요 기도의 여인이었다. 수잔나는 오로지 신앙의 힘으로 19명의 자녀들을 키워낸 훌륭한 어머니이다. 수잔나는 기도와 사랑으로 자녀들을 양육했는데 그 비결은 첫째, 철저한 가정예배이며 둘째, 아이들이 말하기 시작하면 기도부터 가르쳤다. 셋째, 정해진 기도 시간을 철저히 지키는 것이었다.

자녀가 19명이나 되니 기도하는 시간을 지키는 것이 거의 불가능했지만 그 시간이 되면 앞치마를 뒤집어쓰고서라도 기도했다고 한다.

"당신의 인생을 만든 것은 무엇이었습니까?" 라는 질문에 요한 웨슬리는 이렇게 대답했다.

"내 인생의 위대한 스승은 성령님이셨고, 그 성령님의 지시를 따라 어머님께서 나의 인생을 빚으셨습니다."

자녀가 19명이나 되었던 수잔나가 이렇게 기도했다면 우리는 핑계 댈 것이 없다. 그녀는 화려한 경력도, 학력도 없었다. 큰 교회를 담임하며 사자후(사자처럼 우렁차게 부르짖음)를 토하여 청중을 사로잡은 적도 없고, 그저 평범하게 보통 크기의 교회를 섬겼다. 연약하고 보잘것없는 자신을 오직 하나님 앞에 무릎 꿇음으로 일생을 산 기도의 사람이다.

그녀의 골방기도는 나에게 큰 도전을 주었다. 순간순간 이분을 생각하면 가슴에 기도의 열정이 불끈 불끈 솟아오른다. 나는 30년을 섬에서 목회를 하면서 나의 영적인 골방을 만들어 놓았다. 새벽시간, 오전 11시, 저녁 8시… 영적인 골방을 은혜의 밭으로 옮겨 놓았다. 그리고 기도의 텃밭에 중보의 씨앗을 심었다.

나에게 골방의 의미는 장소의 문제가 아니라 나의 생각과 의식의 문제이다. 구별됨과 분리됨의 의미… 시간의 구별과 일 속에서의 우선순위와 분리됨이다.

골방의 기도는 주님과의 은밀한 장소가 되었다. 사면이 바다와 산으로 둘러싸인 사역지는 어쩌면 내가 하나님께 집중할 수 있는 환경이었을지도 모른다.

사람들이 답답하지 않느냐고 묻는다. 나는 30년을 한결같이 대답했다.

"아니요, 사면이 닫혀 있어도 하늘은 열려 있으니까요."

수년 동안 찾은 골방기도를 통해 나는 무념적 기도(비움)와 유념적 기도(채움)로 영성의 길을 걷기를 소망한다. 골방 없이는 인격적인 주님을 만날 수 없다. 골방 없이는 목회사역을 할 수 없다. 골방영성을 상실하면 성령님이 떠난 것이다.

골방영성은 친밀기도이고, 일치기도이다. 은밀한 곳에서 은밀한 중에 계신 내 아버지와의 만남이다. 은밀한 중에 계신 내 아버지께서 만나 주시는 곳이 곧 골방이다.

오늘날 교회나 그리스도인들이 필요로 하는 것이 정말 기도일까? 하지만 하나님이 필요로 하는 사람은 기도의 사람이고 성령의 사람이다. 정말 교회가 필요로 하는 사람은 기도의 사람일까? 기능적으로 필요한 사람이고, 스펙이 화려하면 그것이 영권인 것처럼 존중 받고, 영력보다는 기능적인 실력을 교회는 요구하는 것이 아닐까?

교회가 필요로 하는 것은 더 많은 기계도 아니요, 새로운 조직도 아니고 기발한 재능이 아니라 성령이 쓰실 수 있는 기도의 사람, 기도에 능한 사람이다. 하나님께서는 깨끗한 마음으로 하나님을 찾는 사람, 하나님과 깊은 교제를 위해 날마다 무릎 꿇는 사람을 간절히 찾고 계실 것이라는 생각이 든다. 재능으로 일시적인 화려함은 이룰 수 있을 것이다. 그러나 끝까지 하나님과 동행하는 사람은 기도의 사람이다.

기도의 사람은 신령한 능력보다는 거룩과 경건을 추구한다. 거룩과 성결 안에 담긴 능력을 알기 때문이다. 하나님께 쓰임

받는 자의 일생은 기도의 일생이다. 밤에도 낮에도 기도한다.
설교 전에도, 후에도 기도한다. 설교를 위해 기도하고 골방을
찾는 목회자는 많을 것이다. 그러나 설교 후 전한 말씀에 대한
책임감을 가지고 기도하는 목회자는 얼마나 될까? 언제 어떤
마음으로 기도하는가는 영성에 많은 차이를 준다.

　골방영성은 틈새기도이다. 울창한 숲 속을 뚫고 지나가면서
도 기도한다. 누추한 침상에 누워서도 기도한다. 분주한 일상에
서도 기도한다. 시끄러운 광야에서도 기도한다. 골방기도는 능
력 있는 기도로 하나님과 동행하고 하나님은 능력 있게 기도하

는 사람과 동행하신다. 이로 인하여 그는 죽는 것 같으나 여전히 살아서 기도로 일한다. 틈새기도는 환경에 지배를 받지 않는 기도이다. 바울과 실라, 베드로, 사도들의 골방 역시 감옥이었다. 그들은 영광스러운 그날에 영화롭게 된 자들 가운데 가장 윗자리에 있게 될 것이다.

매일 새벽 4시에 일어나 반드시 3시간씩 기도하고 하루를 시작했던 기도의 성자 E. M. 바운즈! 그는 하나님이 하실 수 있는 모든 일을 이루는 통로가 '기도'란 것을 그의 삶으로 똑똑히 보여 주었다.

기도에 관한 그의 책들은 100년 동안 엄청난 도전과 전율을 주어 수많은 그리스도인들을 기도의 골방으로 뛰어들게 했다. 그는 언제나 매일 새벽 4시에 일어나 7시까지 기도했다. 그는 기도하지 않고는 말씀을 보지 않았고, 기도하지 않고는 설교나 전도도 하지 않았다.

기도 무력증에 빠져 있는 사역자들에게 무엇으로 어디서 영적인 힘을 얻고 있느냐고 묻고 싶다. 일보다 더 중요하고 사역보다 더 중요한 기도를 위해 골방으로 들어가자.

이 시대의 영적인 혁명을 위해 골방의 영성이 회복되어야 한다. 기도는 인간이 할 수 있는 가장 고상한 행위이다. 골방영성에서 가장 친밀한 시간은 새벽이다. 새벽에 하나님이 도우시리라. 하나님을 향한 강렬한 열망으로 아침 일찍이 골방에서 하나님을 만나라. 기도가 사라지는 시대에 골방으로 나아가는 사람은 머리보다 마음이 준비되어 있는 사람이다.

골방을 통해 주어지는 선물, 거룩한 기름부으심의 독특성.

끊임없는 기도로 기름부음을 받아라!

골방의 불꽃에 담금질하라!

골방에서 최고의 제물을 바치라!

기도하는 지도자는 어디 있는가? 골방에 있다. 이 시대에 꼭 필요한 하나님의 사람은 골방영성으로 자신을 끊임없이 담금질해 가는 '기도의 사람', '기도의 선지자'이다. 골방영성으로 열방을 품자.

chapter 15

알몸영성

"여호와 하나님이 아담에게서 취하신 그 갈빗대로 여자를 만
드시고 그를 아담에게로 이끌어 오시니 아담이 가로되 이는 내
뼈 중의 뼈요 살 중의 살이라 이것을 남자에게서 취하였은즉
여자라 부르리라 하니라 이러므로 남자가 부모를 떠나 그의 아
내와 합하여 둘이 한 몸을 이룰지로다 아담과 그의 아내 두 사
람이 벌거벗었으나 부끄러워 아니하니라" (창 2:22~25).

하지만 이들은 하나님의 명령을 어기고 선악과를 따 먹으므
로 사단의 손을 들어 주어 죄가 인간에게 들어와서 끊임없이

사단의 유혹을 받게 된다. 사단은 죄의 씨를 창조 인간에게 넣어주어 하나님의 창조 목적을 훼방하는 일을 한다.

아담과 하와가 죄를 짓고 처음 반응한 것이 수치심이다. 자신들이 벗고 있음을 보고 수치심을 느낌으로 나뭇잎을 엮어서 가렸다. 죄를 짓는 순간 이들에게 입혀졌던 영광의 빛의 옷이 걷히니 수치심과 함께 걱정, 두려움, 공포로 불안에 떨었다.

그렇게 죄는 인간세계에 들어오면서 우리 삶에 평화와 행복을 앗아갔다. 인간은 어쩌면 엄마의 뱃속에서 나올 때부터 불안과 외로움을 운명적으로 안고 태어나는지도 모른다. 아담과 하와는 선악과를 따먹기 전까지는 '알몸' 상태에서도 수치심이나 불안을 겪지 않았다. 그것은 하나님께 온전히 의존했기 때문이다.

그러나 원죄를 저지른 이후 죄의 후유증은 정신적으로 마음과 영혼을 파괴한다. 자신들이 선택한 '자유의지'의 결과를 통해 미약한 존재임을 깨닫고 세상이 두려워지면서 인간에게 주신 능력을 조금씩 상실해간다. 이러한 파괴를 알몸영성을 통해 회복하기를 소망하는 것이다. 알몸영성은 죄로 인해 박탈된 내면을 회복하는 내적 치유이다. 인간은 죄로 인해 많은 것을 잃게 되었고 박탈당했다.

깊이 들여다보면 불안의 이유는 결국 상실에 대한 두려움 때문이다. 잃어버리고 빼앗긴 것에 대한 상실감을 회복하는 길이 다시금 우리에게 열려 있다.

불안의 근본 이유를 '상실', '외로움'에 둔다면, '자유를 빼앗기면 어쩌지?', '지위나 신분을 잃어버리면?', '죽게 된다면?' 하고 온갖 두려움에 휩싸일 때 붙잡아야 하는 것이 하나님에 대한 사랑이다. 사랑에 대한 의심이나 상실은 죄가 낳은 아픈 열매이다. 사람이 심리적으로 안정이 되지 않으면 마음을 감추려고 사람을 피하거나 과장된 자아를 만들어 필요 이상으로 외식적이며 포장하고 지나치게 관계에 집착하기도 한다. 사람들은 어디에서 찾아온 불안인지도 모른 채 끌려가고 있다. 자신의 통제가 불가능한 고통과 함께 사는 게 익숙해진 '만성질환자'가 되어 자신이 어디로 가는지도 모른다. 이러한 내부적인 문제를 해결하지 않으면 하나님의 창조 권리를 하나씩 상실해 간다.

우리는 반드시 정복하고 다스릴 수 있는 능력을 회복해야 한다. 상실감과 불안과 걱정, 두려움을 타개할 대안을 찾아 회복해야 한다. 신기하게도 그 힘은 '믿음과 확신'에서 나온다. 하나님의 완전하심을 믿어라. 특히 우리 그리스도인들에게는 하나님에 대한 확고한 믿음이 불안과 두려움 나아가서 공포에서 벗어나는 힘이 된다.

절대자이신 하나님을 믿는 믿음이 현실적으로 생활 속에서 적용될 때 신앙이 생활이 되는 것이다. 모든 창조된 피조물은 하나님의 손길이 닿을 때 재창조와 절대평안의 회복을 가져온다.

"무슨 일을 하든지 그 결과는 선이 된다는 것을 기억하라",

사단은 절망을 주지만, 하나님의 사랑은 절망 대신 희망을, 우리의 불안은 기쁨으로 정화된다.

나는 개인적으로 알몸영성에 포커스를 둔다. 이 시대는 지나칠 정도로 외모 지상주의 속에 살아간다. 외적인 것은 아름다워 보이고 명품으로 휘감았어도 그들의 속사람을 보자는 것이다. 속이 병들었고, 속이 썩어가고 있고, 속이 혼돈의 아수라장이 되어 있어도 그들은 속수무책이다. 낮에는 화려하지만 밤에는 운다. 무리 속에서는 화려하게 웃고 있지만 혼자 있을 때 나는 웃을 수 있는가? 당신의 마음은 늘 안녕한가?

나에게는 평소보다 색다른 은혜를 느끼고 깨닫는 장소가 있다. 목욕탕이다. 많은 사람들이 모여 있는 장소이지만 나에게는 철저히 하나님과 나와의 만남을 갖는 장소이다. 그래서 나에게 목욕탕은 특별한 의미가 있다. 여기서 깨달은 것이 알몸영성이다.

머리 위로 샤워기의 물이 쏟아져 나올 때 코람데오를 생각하고, 뜨거운 탕안에서 지그시 눈을 감고, 나의 내면 안의 죄의 속성과도 대면한다. 숨을 고르기 힘들 정도의 한증막 안에서는 솟구쳐 나오는 땀과 밀리는 때를 보면서 천국과 지옥을 생각한다. 다양한 사람들을 보면서 진정한 아름다움의 가치와 근원지를 생각하면서 감사의 눈물도 많이 흘리게 된다. 목욕탕이 나의 개인적 성소라면 공감하는 사람이 있을까 싶지만 나에게는 은혜로 다가오는 영적인 장소이기도 하다.

내적 치유에 무한한 관심을 가지고 있기에 이제는 알몸영성이라 칭하여 잃어버린 빛의 옷을 입기를 소망하고 있다. 알몸영성은 철저히 하나님과 나와의 관계이다. 가식과 사치로 가려져 있는 육체로부터 시작하여 정신적인 세계와 혼을 넘어 영적인 세계까지의 대면이다.

　그러나 아직 나의 알몸(전인적인 자아)이 완벽하지 않다는 것이 수치심이나 두려움의 잔재가 된다는 것은 부인할 수 없는 사실이다. 가려진 옷은 외식으로, 청결하지 못한 속옷은 나의 정신세계로, 깨끗이 씻지 않은 몸은 어두운 무의식 장소였다면, 이제는 하나님 앞에서 나의 사명과 나의 신분 앞에서 당당하여 나의 알몸 앞에서도 완전한 모습이고 싶다. 다른 누군가가 나를 모욕하거나 내가 큰 실수를 하여 느끼는 수치심보다는 알몸으로 본 나의 속사람이 아직도 보혈로 씻김을 받지 못했을 때 느끼는 수치심이 더 크다.

예수님은 제자들에게 말씀을 나누실 때 비유로 진리에 옷을 많이 입히셨다. 비유적인 옷을 입히시므로 영적으로 둔한 제자들에게 그 비밀을 깨달아가기를 소망하신 것이다. 진정한 영성은 다른 사람의 점과 흠을 보는 것이 아니라, 나의 내면에 잔재되어 있는 죄의 근원지를 찾아 보혈로 씻어가는 것이다.

겉옷을 빨아 입듯이 평소 행동을 '참'과 '거짓'으로 구분하는 객관적 기준으로 자신의 깊은 내면을 볼 수 있어야 한다. 나를 볼 줄 아는 사람은 타인을 향한 배려가 크다.

문제에 반응하는 나의 모습을 분석해 보자. 나의 속사람의 건강체크는 문제에 대한 나의 반응을 보면서 점검할 수 있다. 건강한 사람은 문제 해결을 넘어 상대방과의 관계도 손상하지 않기 때문이다. 내가 겪는 불안한 마음, 과민한 반응 등은 과장되게 사치된 옷으로 가린다 해도 씻지 않고 옷을 입어 냄새가 나듯, 인격을 통해 흘러나오게 된다. 이는 감정적 상처에서 흘러나오는 정신적 고름을 묻히고 다니는 것과 같은 것이다. 불안과 죄에 둘러싸인 인간. 그래서 알몸으로 서게 될 마지막 심판대를 생각하며 오늘을 살아가는 것이 알몸영성이다. 지금, 알몸으로 하나님과 대면할 수 있는 믿음의 용기는 자신을 사랑하는 최고의 방법이다.

알몸영성은 참된 자아를 발견하는 방법 중 하나이고, 건강한 자아로 인해 주변 사람들에게 기쁨의 존재가 될 수 있는 지표가 되어 준다. 여전히 나를 감추고 싶어 세상의 헛된 것으로 포장하고 덧입혀지는 자아를 이제는 자유롭게 하여 알몸인 나를 만나 보자.

덫에 걸려 세상의 벽이 나를 포위하고 있다는 생각이 드는가? '이런 생각은 진실, 희망, 풍요로운 삶에 도전하지 않았기 때문에 드는 생각'이라고 지적한다. 불안의 삶에서 변화하려면 용기가 필요하다. 모든 외적인 타이틀이나 이력을 벗은 나는 누구인가? 알몸영성은 내적 치유이자 창조회복이다. 알몸영성으로 코람데오 하라.

chapter 16

그림자영성

"나는 빛도 짓고 어둠도 창조하며 나는 평안도 짓고
환난도 창조하나니 나는 여호와라 이 모든 일들을
행하는 자니라 하였노라"(사 45:7).

자신의 그림자로부터 달아나지 않기 위한 영성의 길이 참으로 고맙고 감사할 뿐이다.

어떤 괴팍한 사람이 있었는데 그는 자신의 그림자를 몹시 못마땅해 했다. 그래서 그는 '빨리 달려서 그림자로부터 도망치도록 하자.'라고 생각하며 일어나서 뛰어가기 시작했다. 그러나 그의 그림자는 아무런 힘도 들이지 않고 그의 발이 땅에 닿는 순간마다 다시 따라왔다. 그는 점점 빠르게 죽을 지경에 이르기까지 달렸고, 마침내 땅에 고꾸라져 죽고 말았다.

만약 그가 어느 한 나무 그늘로 들어갔더라면 그림자로부터 벗어날 수 있었을 것이며 그는 더 이상 달릴 필요 없이 나무 그늘 아래에서 휴식을 취할 수 있었을 것이다. 그러나 그의 생각은 여기까지 미치지 못했다.

오늘날 많은 사람들이 빛이 있어야 그림자가 있다는 것을 잊고 그림자 자체만 보고 그림자에게서 도망치는 것을 기꺼이 선택한다. 그러나 자신의 그림자로부터 도망치는 사람은 결국 죽음을 향해 나아가는 격이 되고 만다.

오늘날 자신의 그림자를 만나는 것, 자신이 지닌 부정적인 요소나 부족한 부분을 만나는 것을 두려워하는 것은 현대인들이 겪고 있는 자기 콤플렉스와의 싸움이다. 하지만 그림자는 빛과 함께 가는 것이다. 빛이 있기에 그림자가 있다는 과학적 이치를 통해 영적인 대입이 필요하다. 나의 약함을 어떻게 보고 처리할 것인가는 영성의 깊이에 달려 있다. 빛보다는 그림자에

집착한다면 심리적인 것과 심장에도 문제를 일으키기도 하고 정신적인 분열을 일으키며 영적인 자유함까지 잃게 된다.

낮은 자존감을 가지고 있을 때 그림자에 대한 두려움이 크다. 내 안에 그림자의 실체인 빛을 보게 되면 부정적인 그림자의 두려움은 100% 통제 가능하다. 그림자 안에서 영성을 찾아라. 그 두려움마저 나에게 유익으로 다가올 것이다. 나의 영성의 길은 내 안에 신성과 하나님의 창조 목적을 찾아가는 것이다.

내 안에 빛과 그림자가 공존하는 것은 신의 성품인 하나님의 형상과 죄의 DNA로 인한 죄의 성질이 공존한다는 것이다. 나의 원형 중에 빛이 있고, 그림자도 동시에 있다는 것을 인지해라. 나 역시 그림자 같은 나의 본성과는 대면하고 싶지 않았다. 별로 달갑지 않았던 내 안에 그림자 그것은 죄성이고, 추악하고 더러워 보고 싶지 않은 부분이라 치부해 버렸다. 숨기고 싶고, 감추고 싶고, 드러내고 싶지 않은 억눌린 욕망.

그것은 눌러서 사라지는 것이 아니다. 죄성이라는 것은 보혈의 능력으로만 해결할 수 있기에 죄는 인정하는 것으로부터 드러나야 해결할 수 있다. 죄로 인해 형성된 그림자는 또 다른 나의 원형인 하나님의 의로 품어져야 한다.

용서받은 그림자라면, 더욱이 용기를 주고 괜찮다고 달래주고 빛을 볼 수 있도록 시야를 돌려줘야 한다. 그림자영성은 나를 보는 시각과 타인을 보는 시각을 바꾸어 준다.

그림자는 야수성을 가진 그림자와 숨어버리는 그림자가 있다. 야수성을 가진 그림자는 선한 일의 열정으로, 소심이 그림자는 섬세함으로 역할을 바꾸어 주는 것이 그림자영성이다.

선한 빛이 강하게 들어옴으로 그림자를 인정하게 되는 것이 영성의 힘이었다. 내가 그림자를 인정하고 수용하고 받아들이므로 내면의 원형들이 균형을 이루고 건강한 인격으로 개성화

작업이 이루어지는 것이 느껴졌다.

내 안에 그림자가 부끄러웠던 것은 그림자의 문제라기보다 내 안에 빛이 약했던 것이다. 빛이 강하게 비쳐오니 그림자까지도 소중하다. 그 그림자 또한 나인 것을… 나는 그런 나를 사랑하면서 그림자영성이라는 주제를 담아 기도하며 더 깊은 곳에서 만날 자아를 기대한다. 자신이 자만하기에 절반 밖에 안 되는 실력, 모든 사람을 하나님의 긍휼로 품어내기에는 턱없이 부족한 마음, 나를 해롭게 하는 자에게 무조건의 선처를 베풀기에는 부족한 나의 완고한 이성, 이것들이 영성의 길에 그림자이지만 나는 그런 나일지라도 사랑한다. 때로는 그림자로 버거움을 느낄 때도 있지만 그때마다 회개와 깊은 통찰의 약을 사용한다.

예수님께서는 우리에게 원수를 사랑하라 하신다. 나의 이웃을 내 몸처럼 사랑하라 하신다. 그러나 그것이 왜 안 되는 강령이었을까? 이유를 찾았다. 내 안에 그림자를 인정하지 못하고 사랑하지 못하기 때문이다. 내 안에 외면하고자 했던 그림자, 그 원수 그림자도 사랑하지 못하면서 바깥에 원수를 사랑할 수 있을까? 내 그림자도 수용하지 못하는데 타인의 그림자를 인정할 수 있을까?

나의 본성 안에는 빛과 그림자가 있다는 것을 알면서도 수용이 어려웠다. 그러나 그림자까지 수용하고 인정하고 고백하는 것이 영성이다. 자신의 그림자를 사랑하여 수용하는 것이 영성을 체험한 사람이다.

그림자 안에는 황금이 숨겨져 있었다. 두려움 안에 담긴 평안함과 겸손함이었다. 그곳에서 나의 가능성과 고귀한 용기를 발견하면서 은혜 안에 그림자를 보호하게 되었다. 오랜 통찰 끝에 하나님은 나의 그림자를 통하여 하나님을 바로 보게 하는 통로가 되고 있음도 깨닫게 하셨다. 그림자가 수치요 부끄러움이라고 생각했던 나는 바울의 고백과 바울의 심정과 영성을 느낄 수 있었다.

자기 의로 가득 차 있던 사울은 바울이 되고 나서도 형제들, 동역자들과 다툼을 일으켰고, 다혈질의 베드로도 의욕과 열정만으로 안 되는 실패를 통해 진짜 제자의 도를 깨닫게 된다. 거짓말을 잘했던 야곱은 통합되지 않은 자신의 삶이 하나님의 뜻을 이룰 수 없음을 알고 전부를 내려놓을 때 상황과 현실을 뛰어넘는 당당함. 현실적 그림자가 내면의 빛을 누르지 못하는 인생으로 노년의 모습을 보여준다. 육적으로 구걸하려고 바로 앞에 서지만, 오히려 바로를 축복하는 풍부의식이야말로 참으로 멋진 모습이 아니던가.

하나님은 많은 믿음의 거장들의 그림자까지도 사랑하셨고 사용하셨다. 그림자를 사용하지 않고서는 죽음을 초월하는 순교는 힘들다. 그림자영성은 자신을 사랑하는 것을 넘어 적진에 뛰어들 수 있는 용기와 사랑하는 영혼을 위해 목숨을 바칠 수 있는 고귀한 힘이 있다. 그 고귀함은 그림자를 인정하고 내면을 통찰하여 그 두려움 안에 있는 보물을 찾아 그곳에서 성장과 성숙을 넘어 기적의 장소로 만들어 가게 한다.

사도 바울을 괴롭혔던 많은 그림자는 그에게 더 이상 수치도 아니고 무거운 짐도 아니었다. 그것은 그에게 곧 은혜요, 능력이요, 강함이었다.

"그러므로 내가 그리스도를 위하여 약한 것들과 능욕과 궁핍과 박해와 곤고를 기뻐하노니 이는 내가 약한 그 때에 강함이라"(고후 12:10).

그림자의 속성이 마음에 들지 않아도 그림자가 없다면 빛의 의로움도 모를 것이다. 그림자가 가지고 있던 두려움을 이제는 하나님을 두려워하는 마음으로, 하나님을 경외하는 마음으로, 영혼을 향한 하나님의 사랑으로, 나의 그림자를 발휘하여 그들 안의 황금을 깨어 나의 성장과 더불어 하나님의 영광의 빛을 선사하게 되기를 소망한다.

그림자영성으로 나의 나됨을 회복하자.

chapter 17

열매영성

이 시대를 나는 인격 없는 실력의 시대라고 감히 진단을 내린다. 다시 말하면, 영성 없는 지식의 시대이다. 성령 없는 하나님을 찾고, 십자가 없는 부활을 찾고, 인격 없는 예수님을 찾는 알맹이 없는 빈 무덤과 같은 기독교로 하등품의 질을 내어놓고 있는 것은 아닌지 심히 우려스러운 마음으로 나의 현주소를 점검하게 된다.

경건의 모양은 있으나 경건의 능력이 없고, 신앙의 열정은 있지만 인격의 열매가 없는 시대에, '열매를 바라보며 오늘을 살자'라는 기도제목은 나에게 많은 의미를 준다. 열매에는 반드시 과정이 있다. 이 과정을 인정해야 한다.

목회자에게는 성도들을 향한 기대치가 있다. 현실적으로 기대치에 미치지 못하는 믿음의 자녀를 중보기도 하는데, 주님이 복숭아씨를 보여주시면서, "이것이 무엇으로 보이느냐?"고 물으셨다. 순식간에 "주님, 과수원으로 보입니다."라고 대답했다. 나는 그 씨에서 과수원을 보았다. 의를 깨달았다. 지금은 비전이 안 보이지만 그 사람 안에 예수님의 생명의 씨만 떨어진다면 큰 과수원을 이루겠구나. 이것이 목회의 묘미이고 기도의 신비이다. 믿음은 작은 것에서 큰 것을 볼 수 있어야 한다. 허영이나 과장이 믿음은 아니다. 반드시 그 씨앗 안에 생명을 볼 수 있는 영안이 있어야 한다. 이것이 소망이고 사랑이다.

그럴 때, 어떠한 상황에서도 그 씨앗을 포기하지 않을뿐더러 수고의 땀이나 때를 기다리는 인내를 감내할 수 있다. 사랑으로 기다려진다. 겨자씨 안에 있는 생명은 큰 나무의 시작이고, 나무의 목적은 주인을 기쁘시게 할 수 있는 열매이다. 과실나무의 생명은 열매에 있다. 나는 예수님의 부활을 통해 영원을 위한 생명의 씨앗을 선물로 받았다.

'부활의 첫 열매인 예수님의 생명의 씨앗'

최고의 품종인 예수님의 생명의 씨앗, 나는 그 씨앗을 받고 날마다 고백했다. 이 생명의 씨앗을 내 마음에 심으니 나의 가치가 달라졌음을…. 나의 삶의 무게가 달라졌고 살아야 하는 이유가 달라졌다. 마치 엘리야가 하늘의 손바닥만한 구름을 보고 아합왕에게 호들갑처럼 폭우가 내릴 것이니 빨리 대비하라는 말씀이 떠오르며 나는 주님께 고백했다.

"첫 열매이신 예수님의 생명의 씨앗을 보니 인류를 향한 하나님 아버지의 마음이 느껴집니다. 그리고 열방의 영혼들이 보입니다."

나는 최고의 품종의 씨앗을 마음에 심어 은혜로 가꾸어 가고 있고, 열매를 기대하고 있다.

"어디에 더 심어야 하나?"

먼저 내 마음과 생각을 더욱더 확장해가면서 번성시키자. 아직 미개발된 곳이 보인다. 내 마음의 미개발지역을 끊임없이 넓혀 가리라. 이렇게 소중한 씨앗, 생명의 씨앗을 심기 위해서는 부지런히 움직여야 한다. 너무도 메마른 내 마음에는 물을 주고 말씀의 거름으로 옥토로 일구어가리라.

희망에 찬 나를 보는 순간 성령님께서 때를 따라 필요한 것을 지시하신다.

"은혜를 끊임없이 찾고 구해라! 그리고 감사의 물을 기도의 스프링 쿨러로 24시간 연속 틀어 놓아라."

"하나님의 능력이 부족한 것이 아니다. 내 마음을 개간하지 못해 속이 좁아서이다. 마음을 개간해서 넓혀가라."

너무도 감격스럽다.

"주님 고맙습니다! 감사합니다! 첫 열매이신 예수님의 생명의 씨앗은 씨앗 중의 씨앗이며 30배, 60배, 100배를 넘어 무한대의 열매를 바라보며 생명의 씨앗을 소망으로 바라봅니다."

신앙의 열매가 가치를 드러내지 못하는 이유가 무엇일까? 돈 문화, 음란 문화, 배교 문화가 자연스럽게 기독교의 신앙관을 혼란하게 만들어 열매의 맛을 상실했다. 가치를 상실한 기독교의 현실적인 문제이다. 맛을 잃은 열매도, 모양은 열매라고 내놓지만, 그 열매의 맛을 보고 좋은 열매와 나쁜 열매로 그 나무를 품평하신다.

우리의 목표는 극상품 열매인 알곡이 되는 것이다. 알곡과 쭉정이는 반드시 마지막에 가려진다. 그러기에 지금부터 내 안에 쭉정이를 골라내야 한다. 유아적인 것 , 이기적인 것, 탐욕적이고 욕망적인 것들을 골라내야 한다. 영안이 열려 자기 인식, 죄의 인식이 있어야 가능하다.

　나무는 열매가 생명이다. 들포도 같은 상품가치가 없는 열매는 짐승밥 밖에 될 수 있다. 열매를 바라보는 과일나무는 겨울이 지나기도 전에 제일 먼저 하는 것이 가지치기이다. 잔인할 정도로 가지를 쳐낸다. 극상품의 열매를 소망한다면 가지치기를 해야 한다. 농부의 과감한 결단이 필요하다. 가지치기로 필요한 소수의 열매만 남기고 아낌없이 솎아야 한다. 가지가 잘리고 열매가 솎아질 때 당신은 어떤 마음이 드는가?

　열매를 원한다면 기꺼이 잘려나가야만 한다. 봄의 아름다움은 겨울의 가지치기에서 새순으로 시작된다. 훈련은 가지치기이다. 겨울나무는 볼품이 없다. 하지만, 농부는 가을에 열매를 바라보며 가지를 친다. 가지를 칠 때 나무는 아프다. 농부는 힘이 든다. 자신과 함께했던 가지들이 잘려나갈 때 그 상실감이 크다. 하지만 농부는 인정 없이 아주 바짝 가지를 쳐 낸다. 나무의 근본을 흔들려는 듯 매서운 손길로 가지를 친다. 농부는 열매를 기대하며 가감 없이 가지를 치는 것이다.

　가지치기는 비움이요, 버림이다. 고통스런 잘림이다. 그런데 오히려 나무는 새롭게 부활한다. 더 아름다운 꽃과 함께 풍성한 열매를 선사한다. 우리의 목표는 꽃이 아니다. 화려한 꽃에서 머무르지 말라. 꽃이 질 때 실망하지 말라. 꽃이 지면 그때가 열매의 시기이기 때문이다. 열매는 농부의 희망이다.

"나는 참포도나무요 내 아버지는 농부라 무릇 내게 붙어 있어 열매를 맺지 아니하는 가지는 아버지께서 그것을 제거해 버리시고 무릇 열매를 맺는 가지는 더 열매를 맺게 하려 하여 그것을 깨끗하게 하시느니라"(요 15:1~2).

농부의 손길과 눈길은 나무에서 떠나지 못한다. 불필요한 순을 잘라주고, 열매를 탐하는 각가지의 벌레들을 살충하며 관리한다. 우리를 관리하시는 성령님은 지금도 우리 안에 있는 탐욕, 욕망의 벌레를 잡아내신다. 죄는 생명나무를 오염시킨다. 죄는 풍성한 열매를 맺지 못하도록 방해한다. 죄는 우리 안에 있는 생명을 앗아가고 능력을 소멸시키며 에너지를 분산시킨다. 그래서 풍성한 열매를 맺지 못하게 한다. 한번의 가지치기로 건강한 나무가 될 수 없다. 못된 순을 지속적으로 잘라주고, 열매를 노리는 벌레들을 잡아 줄 때 탐스럽고 풍성한 열매를

기대할 수 있다.

　하나님은 우리가 때로 겨울과 같은 계절을 맞이해서 춥고, 헐벗고, 배고플 때, 가지를 치시듯 엄히 다루신다. 하나님이 가지를 치시는 까닭은 우리를 참으로 사랑하기 때문이다. 하나님은 가지를 치실 때 겨울 너머에 풍성한 가을을 보신다. 가지를 칠수록 더욱 건강하고, 더욱 아름답고, 더욱 풍성한 열매를 맺게 될 날을 바라보시면서 가지치기를 하신다.

　하나님이 가지치기를 하실 때 우리가 해야 할 일은 하나님께 우리 자신을 맡기는 것이다. 마치 포도나무가 정원사에게 자신을 맡기는 것처럼 그리해야 한다. 하나님께 맡기면 머지않아 새싹이 돋고, 아름다운 꽃이 만발하고, 풍성한 열매를 맺게 될 것이다. 가지치기는 자연의 신비요, 영성 생활의 신비다.

지금 어떤 열매가 시급한가? 인격의 열매가 시급하다. 기독교인들의 인격이 세상에서 지금 상품화된다면 하품, 중품, 상품 어디에 해당할까?

"너희는 세상의 빛이라, 너희는 세상의 소금이라."

성도의 가치를 말씀해 주시는 것이다. 하나님의 축복의 열매는 인격적인 것과 믿음 그리고 순종, 겸손까지 전체적인 인격의 열매를 보신다. 하나님의 일은 재정, 물질 부족이 아니라 믿음 부족이고, 하나님의 축복은 능력 부족이 아니라 우리의 인격 부족이다. 많은 열매를 지탱해 줄 수 있는 깊은 뿌리를 내리는 일은 매우 중요하다.

마음의 고름은 없는가? 마음의 고름은 의심이다. 마음의 비대증은 없는가? 탐욕과 욕심이다. 마음의 주름은 없는가? 근심이다.

인격의 열매는 복음의 문을 열어준다. 인격의 열매는 하나님을 하나님 되게 해준다. 인격의 열매는 축복의 통로가 되어준다. 인격의 열매는 의의 열매이다. 빛의 열매는 예수 그리스도로 옷 입는 것이고, 은혜로 옷 입혀졌다면 우리의 행함과 인격의 열매로 나타난다.

인격의 열매는 9가지 이상의 맛을 내는 신비스러운 열매이다. 이것이 성령의 열매이다. 열매는 맛으로 승부한다. 최상의 품종에서 들포도 열매를 맺는다면, 책망받아 마땅하고 농부의 진노를 불러오고 나무의 생명은 끝이다. 좋은 나무가 나쁜 열매를 맺을 수 없고 나쁜 나무가 좋은 열매를 맺을 수 없다.

마음을 기경하여 넓혀가라. 생명의 씨앗을 심어라. 인내로 열매를 바라보라. 수고의 땀과 보람의 희열을 느껴라. 농부의 얼굴의 미소를 상상하라. 열매는 농부의 기쁨이다.

열매를 바라보며 오늘을 살아가자. 비우고 채우자! 기꺼이 잘려서 극상품의 열매를 맺자!

chapter 18

나눔영성

버릴 줄 모르면 죽는다. 살아 있다는 것이 무엇인가? '숨 한 번 들여 마시고, 마신 숨 다시 뱉어내고 가졌다 버렸다, 버렸다 가졌다.' 그것이 바로 살아 있다는 증표 아니던가? 그러나 어느 한순간 들여 마신 숨을 내뱉지 못하면 그게 바로 죽는 것이 아닌가.

나눌 줄 모르면 살았으나 죽은 것이고, 나눌 것이 없다고 생각하면 그 사람은 평생 가난한 사람이고, 나눌 것이 많은 사람은 평생 부유한 사람으로 사는 것이다. 자족하는 사람, 풍족한 사람은 영적인 배부름이 있다. 늘 배고픈 것은 영적인 결핍에서 온다. 예수님을 영접하여 예수님의 생명을 가진 사람은 행복한 기버(Giver)가 되어야 한다. 요즘은 서양이든지 동양이든지 기브 앤 테이크(Give and Take)가 합리적인 방식이라고 생각한다. 그러나 그것이 진정 맞는 것일까?

이 시대는 세 종류의 사람이 있다고 한다. 기버(Giver), 테이커(Taker), 매처(Matcher)이다. 기버(Giver)는 타인을 돕기, 조언하기, 자신보다는 타인을 위해서 배려하는 사람이다. 테이커(Taker)는 다른 사람을 이용해 자기의 이익을 챙기는 사람이다. 이런 사람은 모든 사람을 경쟁의 대상이나 비교의 대상으로 삼는다. 매처(Matcher)는 손해와 이익이 균형을 이루도록 애쓰는 사람이다. 공평함을 원칙으로 삼으며 남을 도울 때 상부상조의 원리를 내세워 이익을 보호한다.

그렇다면 나눔의 영성이란 무엇일까? 세상적인 성공은 어떨지 모르지만 성경적인 나눔은 순수한 기버(Giver)이다. 거저 받은 것이 얼마인가를 생각해 보자. 테이커(Taker)가 빠른 성공, 일시적인 성공을 가져다주는 것 같지만 길게 보고 내용적으로 본다면 테이커(Taker)나 매처(Matcher)는 진정한 인생의 성공이라 말할 수 없다. 성경적인 기버(Giver)는 받은 은혜를 생각하며 대상은 달라질 수 있으나 풍성한 사랑 안에서 섬김이 이루어진다.

나는 영원한 생명을 가지고 있다. 그러므로 생명을 나누는 사람이 되고 싶다. 부활의 증인의 삶은 생명을 나누는 삶이다. 증인은 대표성을 가져야 한다. 증인은 천국의 대표성을 가진 사람이다. 대표성을 가진 사람은 영적인 몸을 만들어야 한다. 영적인 몸, 그러기 위해서는 영적인 훈련을 해야 한다. 어떠한 종목이든 상관없이 국대('국가대표'의 줄임말)가 되려면 기본적인 몸 만들기를 해야 한다. 인격 훈련(인격성), 일상에서의 훈련(일상성), 인내와 기다림(절제성)이 필요하다. 이를 통해 영원한 나라, 천국의 대표로 이 땅에서 뛰어야 한다.

그러기 위해서는 이기심의 쓴 뿌리를 제거해야 한다. 쓴 뿌리 중에 제일 깊이 박힌 것이 있다면 아마도 이기심일 것이다. 국대는 개인의 영예가 목표가 되어서는 안 된다. 전체의 유익을 도모하고 생각해야 한다. 이기심의 쓴 뿌리를 제거하기 위해 '나 바이러스'를 점검해 보자. 나의 생각, 마음, 느낌, 말, 행동이 얼마나 일치되는가? 일치되지 않으면 영적 분열인 것이다.

나눔영성의 적은 이기심이요 나눔영성의 열매는 기쁨이다. 기쁨의 열매를 바라본다면 권리를 포기해라. 나는 무슨 권리를 포기했나? 무엇을 포기해야 하나? 어린아이가 도시락을 포기하는 순간 오병이어의 기적이 일어났다. 나의 권리 포기는 하나님이 일하시도록 공간을 내어드리는 믿음의 행위이다.

나눔영성은 사랑과 순종이다. 한 여인의 향기는 옥합을 깨는 순간 인생 자체가 향기가 되었다. 가나 혼인잔치의 역사는 마리아의 조건 없는 사랑과 하인들의 순종으로 풍성한 나눔을 만들어 낸 신앙의 작품이다. 나눔의 중심에는 사랑이 반드시 있어야 한다. 나눔은 받은 것에 대한 은혜의 보답이다. 사랑과 은혜로 하는 것이 진짜 순종이듯 나눔영성도 은혜와 사랑이 주재료가 되어야 한다.

어거스틴은 방황을 끝내고 영성의 길을 걷고자 할 때, 자신에게서 놀라운 것을 발견했다. 죄로 인해 형편없는 자신 안에 이런 보물이 있었음에 놀라며 이것으로 평생 나눔의 삶을 살리라고 다짐한다. 그가 자기 안에서 발견한 세 가지는 다음과 같다.

"내 안에는 진리를 사모하는 열정, 열망이 있었고, 내 안에는 진정한 사랑을 하고자 하는 의지가 있었고, 내 안에는 영원을 사모하는 영원성이 있었다."

내가 한 바가지의 물을 담는 깨끗한 그릇이 되어 마중물이 되어 준다면 우리의 자녀들은 생명수를 나누는 파이프가 되길 소망한다. 그 파이프에 먼저 예수님의 보혈을 흘려 보낼 때 하나님은 전도자, 복음의 증인으로 생명수로가 되게 할 것이다.

당신은 당신에게서 무엇을 보고 있는가? 굳게 닫힌 마음을 열고 당신의 마음을 점검해 보자. 마음의 방마다 잠긴 방들이 있다면 하나씩 열어가는 것이 영성이다.

'나' 란 이기심의 바이러스를 잡을 수 있는 나눔영성! 일상생활 속에서부터 훈련해 보자. 나눔영성으로 행복한 기버(Giver)가 되자.

chapter 19

언어영성

"내가 너희에게 이르노니 사람이 무슨 무익한 말을 하든
지 심판 날에 이에 대하여 심문을 받으리니 네 말로 의롭
다 함을 받고 네 말로 정죄함을 받으리라" (마 12:36~37).

언어에는 그 사람의 인격이 표현되고 그 사람의 영성이 묻어
난다. 하이데거는 언어에 대해 이렇게 말한다.

"언어는 단순히 생각을 표현하는 수단이 아니라 한 존재가
살아가는 집이다."

"언어의 한계는 그 사람의 한계이다."

그러나 나는 언어의 한계가 그 사람의 한계라고 하는 것에는 동의할 수 없다. 모세는 스스로가 입이 둔하다면서 사명의 길을 주저하지만 하나님은 모세의 언어의 한계를 뛰어넘어 역사의 리더로 사용하신다. 말을 잘하는 것이 언어영성의 목표가 아니다.

언어에는 음성언어, 바디언어, 표정언어, 문자언어, 눈빛언어 등이 있다. 이 모든 언어는 사용하는 사람에게는 성화의 문을 열어주고 듣는 사람에게는 사랑의 열매를 맺게 해준다.

언어영성은 하나님의 영성이다. 천지를 창조하실 때 사용하셨던 도구가 언어가 아니던가? 예수님의 사역을 보면 진리를 선포하시는 대로 언어의 능력이 나타났다.

언어는 커뮤니케이션이다. 관계를 이어주는 아주 중요한 매개체이다. 자신의 주장이나 소통되지 않는 말이 있다면 언어영성이라는 타이틀이 필요 없다. 또한, 언어가 자기중심의 관계에만 초점이 맞추어진다면 인공조미료를 섞어 인위적인 맛을 내듯이 사람의 비위를 맞추는 말을 해야 한다.

언어영성이란? 내가 하고 싶은 말을 하는 것이 아니라 반드시 해야 할 말을 하는 훈련이다. 근시안적인 관계를 우선시하다 보면, 해야 할 말을 못하게 되지만, 관계의 깊이를 생각하고 멀리 보면 반드시 해야 할 말이 자연스러워진다.

또한, 언어영성은 해야 할 말을 넘어 하나님의 마음을 정확하게 전하는 것이다. 하나님의 마음을 정확하게 전하기 위해서 우리는 생명언어를 사용해야 한다. 생명을 살리는 언어, 하나님의 마음을 정확하게 전달하는 언어가 필요하다.

언어에는 대단한 힘이 있다. 언어에는 인격적 수준과 영적 수준이 담겨 있다. 언어에는 약이 되는 말과 독이 되는 말이 있다.

야고보는 한 입으로 "우리가 주 아버지를 찬송하고 또 이것으로 하나님의 형상대로 지음을 받은 사람을 저주하나니 한 입에서 찬송과 저주가 나오는도다 내 형제들아 이것이 마땅하지 아니하니라"(약 3:9~10)고 질책하고 있다.

우리는 어떤 잘못된 행위는 나쁘게 생각하면서도, 잘못된 말은 대수롭지 않게 생각하는 경향이 있다. 그러나 매로 맞는 것보다 말로 맞는 것이 더 아픈 경우가 많고, 칼에 베인 상처는 쉽게 아물지만 말에 베인 상처는 쉽게 치유되지 않는다.

우리나라 속담에 "말 한마디로 천 냥 빚을 갚는다."라는 말이 있다. 언중어금옥(言重於金玉)은 '말은 금이나 주옥보다 중요하다'는 뜻이다. 말로 사랑을 표현하기도 하고, 말로 채찍을 가하기도 한다. 성숙한 사람은 자신의 마음을 다스리듯 자신의 말을 다스릴 수 있는 사람이다. 영성은 언어로 표현되고 삶으로 열매 맺는다.

그렇다면, 열매 맺는 언어는 무엇일까? 말을 잘하는 것과 언어영성과는 다르다. 언어영성의 중요한 부분은 '책임있는 말'을 하는 것이다. 하나님은 실언하지 않으신다는 말씀을 기억하는가? 말의 공수표를 날리지 말라. 신중하게 생각해서 말하고, 내가 한 말이라면 손해가 따른다 해도 반드시 그 말에 대한 책임을 져야 한다.

기독교 영성이 힘을 잃은 것이 바로 여기에 있다. 너무도 말을 쉽게 하고, 그 말에 책임지지 않기 때문이다. 말에는 사용하는 사람의 인격에 따라 유익하지 않은 불필요한 수다가 있다. 영성이 담긴 언어는 늘 덕이 되는 말을 사용한다. 모든 것이 가하나 모든 것이 유익한 것이 아니듯 덕을 세우는 말은 유익을 주는 말이다. 덕이 되는 말은 유익의 열매를 가져온다.

언어에도 온도가 있다. "유순한 대답은 분노를 쉽게 하여도 과격한 말은 노를 격동시킨다."(잠 15:1) '칼릴 지브란(Kahlil Gibran)'은 "내 활이 당긴 무수한 화살이 기어코 내 가슴을 찾아오는구나"라고 하였다. 격동의 말은 부메랑이 되어서 자기를 찌르게 된다는 이야기이다.

따뜻한 말 한마디가 누군가의 운명을 바꾸어 놓을 수 있다. 언어의 온도를 조절할 수 있다는 것은 자신의 감정을 조절할 수 있다는 것이고 상대를 먼저 배려하는 따뜻한 마음이 있다는 것이다. 희망을 주고 용기를 주는 말은 언어의 열매가 맺히는 영성이다.

정확히 그 뜻을 알고 사용하는 말과 무조건 말을 많이 하는 것과는 엄연히 다르다. 비록 매끄럽지 못하고 조금은 거칠게 보여도, 화자가 상황을 정확히 파악한 상태에서 진솔하게 하는 한마디 말이라면 그것은 곧 금은과 같으리라. 반드시 살리는데 말의 초점을 두고 사랑의 언어를 사용하라. 긍정적이고 소망적인 말을 선포하지만 정확한 방향과 길을 제시할 수 있는 창조적인 언어를 사용하는 것이 언어영성이다.

예수님은 자신이 한 말로 의롭다 함을 받아 구원에 이르기도 하고, 정죄를 받아 멸망에 이르기도 한다고 말씀하셨다. 지혜자는 "죽고 사는 것이 혀의 권세에 달렸나니 혀를 쓰기 좋아하는 자는 그 열매를 먹으리라"(잠 18:21)고 경고한다. 아마 심판 때에 잘못된 행위보다 말로 정죄 받을 사람이 훨씬 많을 것이다.

언어의 가치를 높이기 위해서 우리는 복음의 수단적 언어로 사용하자. 언어는 사람들에게 말씀을 깨달을 수 있게 하는 복음을 운반하는 최고의 수단이다. 우리의 영혼은 하나님의 말씀을 듣고 예수를 믿게 되었다. 믿음은 들음에서 나며 들음은 그리스도의 말씀으로 말미암는다. 그러므로 말로 하나님의 말씀을 전해 주는 자가 없이는 들을 수 없는 것이다. 이처럼 복음은 사람에 의해 전해져야 할 기쁜 소식이다.

또한, 성도는 신앙의 언어를 사용해야 한다. 신앙의 언어는 하나님의 말씀을 성령의 감동하심을 따라 그대로 전하는 것이다. 하나님은 우리에게 성령을 보내 주셔서 살리는 음성을 들려주신다. 우리는 그 언어를 통해 힘을 얻고 용기를 얻는다. 다른 사람을 살리는 언어, 힘을 실어주고 용기를 실어주는 언어, 이러한 믿음의 언어는 훌륭한 인격과 신앙의 열매를 만들어 준다. 말은 그 사람의 인격을 나타내기 때문이다.

사도 바울은 "너희 말을 항상 은혜 가운데서 소금으로 맛을 냄과 같이 하라"(골 4:6)고 권고하고 있다. 마치 소금으로 음식의 맛을 내듯이, 매력적이고 격려가 되고 그리고 듣기 좋은 말을 하라는 것이다.

"그대는 희망을 주고 원기를 돋우는 말로써 다른 사람의 생애를 명랑하게 하고 그들의 노력에 힘을 더하여 주는 데 크게 이바지할 수 있다."

당신의 말은 늘 내게 힘이 됩니다.
당신의 말은 늘 내게 도전과 희망을 줍니다.
당신의 말은 늘 내게 행복을 느끼게 합니다.

언어영성은 내가 하고 싶은 말을 하는 것이 아니라 해야 할 말을 하는 것이며 더 나아가 하나님의 마음을 언어를 통해 전해야 한다. 내가 한 말에 사명으로 끝까지 책임을 지는 자가 되는 것이 언어영성의 핵심이다. 언어는 당신의 전인적인 이미지이다. 언어영성으로 기름짐과 진실함을 회복하자.

죽음영성

"영성"이란, 피상적인 믿음을 인격화시켜나가고 삶에 적용해가면서 하나님의 영으로 완전한 다스림을 받는 것이며, 영이 주체가 되어 혼과 육을 다스리는 것이다. 완전하게 예수님처럼 영성가는 될 수 없다 할지라도 의지적으로 지식적으로 계속 내 머리 속에 영적인 부분을 주지시키고 있으면서 나의 방향성을 오직 예수님께 두고, 성령님을 나의 인격과 삶으로 초대하며 그 안에 사는 것이다.

사명의 길을 가는 사람들은 세 종류의 길을 간다. 믿음의 길을 가는 사람, 좁은 길을 가는 사람, 피의 길을 가는 사람이다.

죽음영성이란, 믿음의 길을 넘어 좁은 길을 선택하고 그 안에서 깨달아가는 영성의 깊이에 따라 또 다른 길, 피의 길을 가는 것이다. 그 길은 정말 깊은 영성으로 하나님 마음의 깊은 진심을 터득한 영성가가 가는 길이다. 나는 그 길을 또 다른 이름으로 죽음영성이라 붙여본다.

죽음이란 의미는 참으로 소망적이다. 죽어야 사는 진리는 기독교 안에서 최고의 은혜이다. 죽음이 소망이라는 것을 깨닫는 것은 영성이 아니면 불가능하다. 다른 사람은 몰라도 사명의 길을 걷는 사람이라면, 이 영성이라는 것을 정확하게 정리하고 가는 것이 믿음을 레벨업 시키는데 도움이 될 것이다. 죽음영성은 개인적으로 깊은 인생의 맛을 느끼게 한다. 씹을수록 단물이 나오는 영성이다. 죽어야 사는 영성, 죽을수록 회복이 되는 영성, 완전한 죽음은 영원한 부활이다.

죽음은 학문으로 다루어지는 것이 아니다. 죽음학에 대해서 서양에서는 "죽음학문"이라고 이야기하며, 동양에서는 "생사학문"이라 이야기한다. 그러나 기독교의 진리에서는 죽음은 또 다른 시작이다. "죽음"하면 가장 먼저 떠오르는 것이 무엇인가? 죽음이라는 단어 앞에 인생의 정답을 가지고 있는가? 죽음에는 분명한 정답이 있다. 살아서 죽으면 새 사람이 탄생하는 것이고, 육과 혼의 분리는 영원한 삶의 세계로의 입문이다.

하지만, 일반적으로 "죽음" 하면 첫 번째는 두려움, 두 번째는 아쉬움, 세 번째는 미련이 떠오르게 된다. 죽음 이후에 영생이 있다는 것을 알고, 믿기 때문에 삶과 상관없이 내세를 막연하게 기대해 보고 있지는 않은가? 죽음의 문제는 학문이나 지식으로 정복되는 것이 아니고, 돈이나 권력으로 다스려지는 것도 아니다. 그기에 세상의 힘을 가지고 있는 사람들도 이 죽음 앞에서 두려워하는 것이다.

이 죽음을 정복하여 무덤 위에 소망의 꽃을 피울 수 있는 비결은 부활의 능력으로 죽음이라는 것을 전환하고 의식화시키므로 영생을 소망하는 것이 죽음영성에 도전하는 것이다. 죽음을 터부시하지 말라. 죽음을 가까이 두라. 죽음을 두려움의 대상으로 여기지 말고 가장 가까운 벗으로 함께 친밀하게 동행하라. 죽음은 닫히는 문이 아니라 새로운 영원한 문을 여는 관문이라는 절대 믿음을 가져라.

하나님께서는 죄를 지은 사람에게 에덴의 생명나무를 막아

주셨다. 죄의 육체로 영원히 사는 길을 막으신 것이다.

예수 그리스도라고 하는 또 하나의 생명나무를 통해서 새로운 길, 영생의 문을 열어주셨다. 그렇기 때문에 우리는 기회를 주신 것에 대한 사랑의 감격으로 오늘을 살아야 한다. 그 하나님의 사랑을 깨닫게 되면 죽음의 문제가 해결된다.

살아 있지만 늘 죽음을 앞두고 살았던 사람이 역설적으로 떠오른다. 에녹! 그는 일반적인 죽음을 맛보지 않은 특별한 사람이다. 그의 인생의 300년이 큰 굴곡 없이 하나님과 동행했었던 사람으로 비치는데, 나는 그렇게만 보지 않는다. 철저히 하루하루를 준비하면서 하루를 죽고 다시 내일에 태어나기를 반복한 사람이라 여겨진다. 그는 적당히 긴장하고 민첩하게 하나님과 동행했을 것이다. 근거는 충분하다. 에녹의 후손, 자녀들의 이름 안에 그의 삶이 다 담겨 있다. 므두셀라('그가 죽으면 심판이 온다')의 뜻이다. 손자 라멕('믿음의 강한 용사')의 뜻, 그리고 노아까지….

개인적으로 에녹의 삶을 영성으로 깊이 묵상한다. 365세라는 깊은 의미에도 큰 뜻이 있다. 그는 매일매일 육이 죽고 영으로 하나님과 동행하며 살았다. 신약의 바울이 열정적인 삶을 살았다면 구약의 에녹은 365일을 매일 죽음으로 살아낸 것이다. 에녹은 하나님과 소통한 사람, 하나님의 마음을 충분히 이해한 사람, 하나님의 뜻을 자손들을 통해 준비시킨 사람이다. 에녹은 나의 영성의 모델이다.

신약에서는 대표적 인물로 바울이 있다. "나는 날마다 죽노라", 이것이 바로 "죽음영성"이다. "날마다 죽노라"는 날마다 새롭게 태어난다는 것이다. 우리에게는 오늘의 완전한 죽음이 없음으로 어제와 오늘 큰 차이가 없다. 이것이 우리와 바울과의 다름이다. 폭행자로 살았던 바울이 오늘영성을 가짐으로 폭행의 피해자가 되었고, 살인자였던 바울이 생명을 살리는 사역을 하게 되었으며, 가장 중요한 것은 그리스도의 죽음이 나의 죽음이라고 하는 확신 있는 믿음의 삶을 보여준 열정의 사람이었다.

가장 중요한 것은 예수 그리스도의 죽음이 나의 죽음이라는 생각에서 끝나는 것이 아니라 주님의 죽음은 나의 능력이 되어야 한다. 바울은 죄에 대해서 죽었고 더 훌륭한 것은 율법에 대해서 죽었다. 모든 사람이 살리고 싶어 하는 이생의 자랑거리를 십자가에 못 박았다. 학문가요, 율법의 대가였던 그가 자랑

삼았던 지식과 학식, 이러한 스펙을 죽이는 것이 쉽지 않았을 것이다.

바울은 또한 세상을 향해서 죽었다. 결혼도 포기하고 육신의 자식도 포기하였기에 바울이 될 수 있었다. 우리가 대단한 학문을 가지고 있는 것은 아니로되, 내가 가지고 있는 상식과 철학이 진리 앞에서 죽어야 한다.

그렇다면 이 "죽음영성"을 지켜낼 끈은 무엇일까? 바로, "영원성"이다. 육이 죽을수록 새 영이 살아난다는 믿음이다. 영원성은 창조주 하나님의 "책임 있는 사랑"이다. 하루 안에 영원을 담고 사는 삶이다. 나는 주님께 소원을 올려 드린다. "내가 하나님의 일을 할 수 있을 때까지만 이 땅에 두소서."

모든 사람들이 죽음 앞에서 크게 후회하는 것은 책임 있는 사랑을 다하지 못했기 때문이다. 아담은 책임 있는 사랑이 없었기 때문에 실패하였고, 예수님께서는 책임 있는 사랑을 하셨기 때문에 성공하셨다. 예수님의 죽음이 나의 죽음이고, 예수님의 부활이 나의 부활이 되기 위해서는 여러 가지 복잡하게 생각할 필요 없이 "사랑"이 있어야 한다.

"오늘의 책임을 회피할 수 있지만, 내일의 책임은 절대로 회피할 수 없다."

-톨스토이(Leo Tolstoy)-

"책임을 받아들이는 것만이 삶을 가로막고 있는 모든 조건들을 바꾸는 유일한 길이다."

-닉 부이치치(Nick Vujicic)-

"승자는 책임을 지는 태도로 살지만 패자는 약속을 남발하며 삶을 허비한다."

-탈무드(Talmud)-

"맡겨진 책임에 충실하면 기회는 수도 없이 만들어진다."

-존 워너메이커(John Wanamaker)-

책임 있는 사랑은 도덕적 성품의 영적인 열매를 가져온다. 책임 있는 사람이 도덕적으로 문제 될 일은 없으며, 인격적으로나 영적으로도 문제 될 일이 없다. 하나님은 완벽한 사람을 요구하시지 않기 때문이다. 죽음에 이르는 그 온전한 사랑으로 이 하루를 영원을 담아 마지막인 것처럼 죽음을 뛰어넘는 책임 있는 사랑을 하자. 죽음은 새로운 영원한 문을 열어준다. 죽음 영성은 나에게 새로운 희망이다.

회복영성

인생의 아름다움은 고난 속에서의 회복, 실패 속에서의 회복, 아픔 속에서의 회복, 고통과 회복을 통해서 만들어지는 것 같다. 인생이 가장 아름다울 때는 은혜로 회복되었을 때라 생각한다. 진정한 삶의 향기는 고난 속에서 희망으로 피어날 때 가장 아름다운 향기가 난다. 회복영성의 아름다움은 이미테이션의 미와는 비교할 수 없는 영성의 아름다움이다. 회복은 나에게 끊임없는 도전을 주며 창조적인 나를 찾아가는 인생의 미학이다.

사람은 누구나 살면서 어려움을 만나게 된다. 그러나 그 어려움을 대처하는 방식은 사람마다 사뭇 다르다. 한 부류의 사람은 그 어려움에 함몰되어 인생 전체가 몰락되는 경우가 있고, 다른 한 부류의 사람들은 그 어려움 속에서 아름다운 별을 달고 면류관을 쓰고 회복하는 사람들이다.

회복영성을 가진 사람들은 자신의 어려움을 성공의 교과서로 여긴다. 회복의 영성으로 나아가는 사람은 고난의 의미와 그것을 극복해야 하는 동기부여가 잘 된 사람이다. 고난의 의미를 찾는 지혜와 극복해야만 하는 동기에는 여러 가지가 있다. 고난을 허락하시는 하나님 아버지의 마음을 알아야 하고, 고난의 원인을 분석할 수 있는 영안과 통찰력이 있어야 한다. 고난을 통해 주시는 영성의 길을 정결의식이라 부르기도 한다. 그 고난을 통해 정결하게 될 자신의 아름다운 모습을 그려 보기 때문이다. 욥의 고백처럼 불과 같은 시험을 통해 정금 같은 자신을 상상한다.

회복영성에는 올바른 의식과 동기부여가 따르면 '탄력성'이 따라온다. 회복탄력성은 심리학, 정신의학, 교육학, 사회학, 커뮤니케이션학의 다양한 분야에서 연구되는 개념이며 극복력, 탄력성, 회복력 등의 뜻을 담고 있다.

회복영성에 필요한 탄력성은 크고 작은 다양한 역경, 시련과 실패를 오히려 도약의 발판으로 삼아 더 높이 튀어 오르는 마음의 근력을 만들어 준다. 물체마다 탄력성이 다르듯이 사람에 따라 탄성이 다르다. 회복을 꿈꾸며 하나님 안에서 문제를 찾아가는 사람은 역경으로 인해 밑바닥까지 떨어졌다가도 강한 회복탄력성으로 또다시 튀어 오르는 사람들이다. 이런 사람들은 대부분의 경우 원래 있었던 위치보다 더 높은 곳까지 올라간다. 지속적인 발전을 이루거나 커다란 성취를 이뤄낸 개인이나 조직은 실패와 역경을 딛고 일어섰다는 공통점이 있다.

어떤 불행한 사건이나 역경에 대해 어떤 의미를 부여하느냐에 따라 불행해지기도 하고 행복해지기도 한다. 세상일을 긍정적 방식으로 받아들이는 습관을 들이면 회복탄력성은 놀랍게 향상된다. 문제에만 집중하게 되면 그 문제는 점점 산을 이루어 나를 파괴하여 산사태를 만들지만 숨을 고르고 문제 속에서 하나님의 뜻을 찾게 되면 반드시 비밀의 비상문이 보이게 될 것이다.

회복영성이란, 문제로 인해 눌려 있을 때 일어설 수 있는 지혜이다. 그때 비로소 탄력성을 발휘하여 인생의 바닥에서 치고 올라올 수 있는 힘이 생긴다. 밑바닥까지 떨어져도 꿋꿋하게 다시 튀어 오르는 비인지능력 혹은 마음의 근력을 만들고 훈련하기 위하여 두 가지를 점검해 보자.

자기조절력이다. 감정조절력 + 충동통제력 + 원인분석력이다.

대인관계력이다. 소통능력 + 공감능력 + 자아확장력이다.

인생에서 어려운 일을 겪거나 힘든 일이 있을 때 그것을 빨리 극복하는 사람은 영적인 분석력이 뛰어난 사람이다. 그 상황에서 쉽게 헤어 나오지 못하고 계속해서 스트레스를 받거나 극복하지 못하는 사람은 자기 조절이나 대인관계력에 있어 아주 미숙하다. 자신에게 닥친 역경이나 위험으로부터 회복하거나 적응하는 능력을 '자아 탄력성'이라고 한다면, 자아 탄력성은 자신의 가치를 어디에 두고 있느냐에 따라 달라질 것이다. 성경적 자아의 가치를 찾아라. 자신의 가치만큼 회복의 탄력성이 붙는다. 이것을 '자아 탄력성이 높다'라고 한다. 자아 탄력성이 높은 사람은 어려움을 당했을 때 그것을 긍정적이고 효과적으로 대처하고 극복할 수 있다.

회복영성에서 중요한 것이 하나님 안에서의 자아를 보는 눈이다. 창조 목적의 자아를 발견한 사람이다. 창조된 자아는 반드시 비전을 가지고 있다. 비전을 이루기 위해 극복하고 오히려 자신의 역경을 배움의 기회로 삼고 더욱 앞으로 나갈 수 있기 때문에 자신의 인생을 더욱 성공적으로 살 수 있는 가능성이 높다. 때로는 인생의 어려움을 극복하는 과정에서 새로운 배움을 얻고 더 성장하는 사람이 되기도 한다. 절망하고 포기하는 사람과 희망을 품고 도전하는 사람의 차이는 시각, 생각, 정신력의 차이이기도 하다.

회복영성 안에 있는 사람은 일관성과 향상성을 통해 흔들리지 않고 일어난다. 비록 어려움 속에 있지만 진리 안에서 일관성을 가져라. 하나님이 정해 놓으신 질서와 원칙을 준수해라. 중심이 흔들리지 않아야 한다. 목표가 흔들리지 않아야 한다.

이것이 회복영성의 힘이다. 회복의 원칙은 향상성이다. 고난 중에 현실을 넘어 자신의 성장과 성숙으로 가는 긍정적 사고와 언약의 말씀을 붙잡아라. 기도로 호흡조절하지 않으면 스트레스에 사로잡히게 된다. 향상성을 가지고 나아갈 때 조심해야 할 것이 있다. 대비심리이다. 다른 사람과 비교하지 말라. 이것은 함몰시키는 지름길이다. 경쟁심리를 조심해야 한다. 지금은 다른 사람과의 경쟁이 아닌 나 자신의 내적인 힘을 길러야 하는 영성을 가져야 할 때이기 때문이다.

고유성을 가지고 긍정성(자아낙관성+생활만족도+감사)으로 헤쳐 나아가야 회복의 영성에 도달할 수 있다. 회복은 탄력을 부른다. 그리고 일관성과 향상성과 고유성과 협력을 하여 영원성이란 목표에 도달하게 한다. 이것이 회복영성이다.

회복이란, 원래 제자리로 돌아오는 힘을 일컫는 말로 심리학에서는 주로 시련이나 고난을 이겨내는 긍정적인 힘을 의미하는 말로 쓰이지만, 영성은 그 이상의 뜻이 담겨 있다. 성장과 성숙 그리고 성화의 길이다.

그러나 회복영성이란, 원초적으로 원래의 의미와 자리가 좀 다르다. 비현실적인 자리에서 창조의 자리로 회복하는 것이 회복영성의 목표이다. 나의 근본의 자리는 창조주의 창조의 목적에 둔다. 창조의 목적에 도달하기 위한 방법으로 연단이 필요하여 고난과 시련을 허락하신다 해도 하나님 아버지의 뜻을 안다면 중심에 믿음과 신뢰에 일관성을 보이고 목표와 비전이 흔들리지 않고 하나님의 뜻에 따른 자신의 위치로 회복하는 것이다.

회복영성으로 거룩과 성화의 길을 소망하자.

"비가 와도 가야할 곳이 있는 새는 하늘을 날고
눈이 쌓여도 가야할 곳이 있는 사슴은 산을 오른다.
길이 멀어도 가야할 곳이 있는 달팽이는 걸음을 멈추지 않고
길이 막혀도 가야할 곳이 있는 연어는 물결을 거슬러 오른다.
인생이란 작은 배 그대 가야할 곳이 있다면
태풍은 불어도 거친 바다로 나아가라."

chapter 22

어머니영성

어·머·니! 나보다 나를 더 사랑하시는 분. 내 아픔을 나보다 더 아파하시는 분.

그 사랑은 너무 커서 나의 성장과 성숙도에 따라 다르게 느껴지는 사랑이었다. 내가 어릴 때는 엄마의 사랑이 두려움이었다. 나의 성장기에는 엄마의 사랑이 부담이었다. 그리고 내가 성숙해지니 엄마의 사랑은 엄마라는 그 이름만 떠올려도 눈물이 먼저 흐르는 뼈저린 아픔이다. 엄마 안에 담긴 사랑이 곧 하나님의 사랑인 것을…. 그 큰 사랑을 다 헤아려 드리지 못한 것에 대한 아픔은 하나님을 향한 나의 고백이기도 한다.

이제 나는 어머니의 사랑이 성령님의 사랑에서 흘러나옴을 아는 영성의 자리에 서 있다. 내 어머니와의 사랑의 변화는 나의 변화였고, 나의 성장과 성숙이었다. 그 사랑이 변한 것이 아니었다. 내가 변한 것이다. 나의 어머니는 나를 늘 상딸이라고 불러 주었다. 그런데 나는 잘 안다. 내가 효녀이기 때문이 아니라 어머니의 사랑이 그렇게 만들어 주었다는 것을…

이제는 역할을 바꾸어 본다. 엄마로서의 나는 어떤 사람일까? 나는 사역을 감당하면서 엄마보다는 사모로서 자녀를 대했던 것 같다. 우리 딸이 그런 고백을 했다.

"내가 어릴 때 엄마는 없고 사모님만 있었어요."

하지만, 그 딸은 지금 사모로, 전문여성으로, 한 남편의 아내로, 두 아이의 엄마로, 나에게는 좋은 동역자가 되었다. 나는 사모와 엄마를 하나로 통합하여 어머니영성이라 칭하면서 나 스스로가 달라지기 시작했다. 나의 어릴 적 꿈은 "결혼하겠습니다. 사모가 되겠습니다. 엄마가 되겠습니다."였다.

지금은 꿈을 다 이루었지만 나에게 마지막 통합된 사명, 나의 주된 사명은 어머니영성이다. 어머니라는 영성의 타이틀은 나에게 새 소망을 주고 나보다 더 큰 일을 감당할 자녀들을 생각하면 새로운 각오를 불러일으켜 준다. 성도들에게도 사모보다는 이제는 어머니의 마음으로 다가간다. 어머니영성은 나를 재촉해 주는 에너지가 되었다. 어머니영성은 목회자에게 가장 필요한 영성이고, 목회자가 성숙했을 때만이 도달할 수 있는 영성인 것 같다. 사모의 사역이 끝난다 할지라도, 내가 끝까지 붙잡고 사명의 길을 달려야 하는 어머니영성은 나에게 있어 최고의 선물이다.

'가정이 먼저일까? 교회가 먼저일까?' 물론 최초 하나님의 창조의 목적은 가정이 먼저였다. 사람이 죄를 짓기 전에는 교회가 필요 없었다. 가정이 교회요, 예배의 처소였다. 그런데 사람이 죄를 지음으로 인해서 순위는 바뀌어야만 했다. 하나님의 창조 목적은 분명히 가정이 먼저였지만 죄를 지음으로 인해서 가정에 갈등과 분란이 생기기 시작한 것이다.

그래서 가정을 중화시키고 천국화 시킬 수 있는 또 하나의 영적 기관이 필요했는데, 구약에서는 '제사'를, 이스라엘 백성들을 인도할 때는 '성막'을, 지금 우리로 이야기하면 '교회'가 필요했던 것이다. 가정을 가정답게 만들고, 성스러운 기관, 하나님의 최초의 에덴으로 만들어 가기 위해서는 반드시 중화할 수 있는 '교회'라고 하는 기관이 필요하다.

그렇다면 사명자인 우리는 어떠해야 할까? 가정 안에 교회가 있어야 한다. 교회 안에 가정이 있어야 한다. 목사가 하나님 나라가 우선이 되어야 성경적 아버지로 돌아갈 수 있다. 마찬가지로 사모가 교회가 우선이 되어야 성경적 어머니로 돌아갈 수 있다.

사명이 없는 어머니, 사명이 없는 아버지는 하나님의 창조 목적대로 역할을 감당할 수 없다. 하나님의 창조목적과 죄를 지은 후의 우리의 선택은 달라졌음을 알아야 한다. 하여, 교회에서도 중요한 위치의 영적인 어머니 자리가 필요하다.

한석봉의 어머니와 맹자의 어머니가 있다. 과연 어떤 어머니가 좋은 어머니일까? 맹자의 어머니는 환경만 바꿔주면 모든 게 된다고 생각하여 환경을 바꿔주려고 했지만, 한석봉의 어머니는 자식과 함께 같은 공간, 같은 상황 속에서 엄마는 엄마의 위치에서 노력하고, 자식은 자식의 위치에서 학문을 할 수 있도록 했다. 나는 두 어머니가 자녀를 사랑하는 마음은 동일하지만 방법에 있어서 다름과 차이를 본다.

나는 자식이 우상이 되지 않기 위해서 지나치게 엄격했지만 내 자녀에게 최고의 가치가 사명자로 사는 것임을 가르침으로 최고의 유산을 물려준 듯하여 감사하고 있다.

하나님의 사람으로 방향을 같이 하다 보니, 이제는 '사모 위에 어머니영성'으로 사명을 통합하게 된다. 나는 아들과 딸을 사명으로 앞세웠다. 이제는 어머니영성으로 무릎으로 자녀들의 사명을 따라가려 한다. 이제는 사모가 우선이냐, 엄마가 우선이냐의 차원보다는 철저한 사명관 위에 어머니의 영성을 쌓아가게 되었고 이게 정석이라고 생각되어진다.

어머니영성을 대표하는 두 명의 인물이 있다. 첫 번째로 누가복음 15장에 등장하는 탕자의 아버지이다. 그는 하나님의 마음을 상징하기도 한다. 탕자의 아버지의 특징은 무엇일까?

'최선'과 '차선'으로 생각해 보자. 먼저 '최선'은 하나님의 뜻을 분명히 아는 것이다. 그런데 '차선'은 하나님의 뜻이 아닌 줄 알지만 그 사람에게 기회를 주는 것이다. 최선과 차선, 아버지의 마음이 아니면 굉장히 어려운 부분이다.

탕자의 아버지는 둘째 아들의 성향을 몰랐을까? 누구보다도 잘 알았을 것이다. 분깃을 다 가지고 가면 허랑방탕하고 잘못된 길로 갈 것까지도 알았다. 그런데도 탕자의 아버지는 둘째에게 분깃을 준다.

탕자의 아버지는 둘째 아들이 종아리에 대고 매를 쳐도 바뀌지 않는다는 것을 알고 있었다. 아들이 나가서 실패라는 경험을 통해서만이 바뀔 수 있다는 것을 너무나 잘 알았고, 예지력과 통찰력이 있었다. 그런데 이것은 하나님 앞에서 봤을 때 최선은 아니다.

둘째 아들은 아버지에게 분깃을 요구할 수 있는 자격이 없었고, 아버지가 줄 때까지 기다려야 하는 것이 정상적인 방법일 것이다. 탕자의 아버지는 예지력이 있었고, 선견지명과 통찰력도 있었지만 실패를 보면서도 그에게 분깃을 주었다. '지금 이 아이에게 필요한 것이 무엇인가?' 하는 최선과 차선, 두 가지를 늘 그렸던 것이다.

실패할 것을 알았지만 분깃을 주었고, 아버지를 떠났지만 기다렸으며, 실패하고 돌아왔지만 용서했다. 그리고 그가 종이 되기를 자처했지만 다시 회복시켜주고 기회를 주었다. 이것이 어머니의 마음이고, 하나님의 마음이다. 곧 이것이 어머니영성이다.

두 번째로는 예수님의 어머니 마리아가 있다. 예수님의 어머니 마리아하면 무엇이 가장 먼저 생각날까? 마리아의 영성을 보면 자기희생에서부터 출발하는 것을 볼 수 있다. 가브리엘 천사가 찾아왔을 때 마리아는 약혼한 상태였다.

"너에게서 예수가 탄생할 것이다."

마리아가 이 말에 'yes' 했을 때, 자기가 받아야 할 고통, 어려움, 고난, 희생이 얼마나 큰지를 알고 있었을 것이다. 자기에게 현실적으로 얼마나 많은 어려움이 닥쳐올지 말이다. 그럼에도 불구하고 마리아는 여인으로서의 행복과 미래의 모든 꿈들을 포기했고, 포기하는 정도를 넘어 얼마나 많은 비난, 어려움, 고통을 감내해야 할지를 누구보다도 잘 알고 있었다.

마리아가 감당한 희생은 자신의 행복을 다 포기한 희생이었고, 행복만 포기한 것이 아니라 많은 비난과 고난, 감당할 수 없는 어려움까지도 감수하겠다는 것이 내포되어 있는 희생이었다. 그래서 어떻게 생각하면 예수님 못지않게 마리아의 희생 또한 굉장히 돋보이게 되는 것 같다. 마리아는 하나님의 뜻을 이루는데 올인 된 사명자이다.

마리아는 자기 자신을 이야기할 때, "비천한 여인"이라고 칭한다. 자신이 받아야 하는 고난이나 희생을 생각하지 않고, 비천한 여인이 은혜를 입었다고 생각한다. 하나님의 뜻을 이루기 위한 육신의 도구로 사용되는 것을 은혜로 여겼다.

어려움이 우선순위가 되는 것이 아니라, 내가 쓰임 받고 있다는 것을 은혜로 여길 수 있는 영성, 그런 영성이 곧 어머니영성이 아닐까 하는 생각이 든다. 이러한 마리아의 겸손이 참 멋있는 것 같다.

또한, 마리아는 위치조절을 잘 하였다. 사랑과 집착은 무엇이 다를까? 바로 믿음과 신뢰가 있느냐, 없느냐의 차이이다. 믿음과 신뢰가 있으면 사랑으로 갈 수 있다. 하지만 믿음과 신뢰가 없으면 집착하게 된다.

아이의 성장에 맞게 처음에는 안고가고, 그리고 걸을 수 있으면 그 아이를 내려놓고, 어떤 때는 앞에서 끌어주고 어떤 때는 뒤에서 밀어주며, 때로는 옆에서 동행하고, 멀찍이 떨어져서 바라봐주는 위치조절이 필요하다. 그래서 자녀를 제자 삼고 자녀가 성장하면 자녀를 동역자 삼아라.

어머니영성에는 하나님이 우리에게 주신 창조의 목적, 어머니 그 자체만으로도 그 안에 사명이 있고, 영성이 있고, 아버지의 마음, 하나님의 마음이 있다. 어머니영성의 위대함은 그 안에 삼위일체 하나님의 속성이 다 들어 있기에 놀랍고 흥분되는 영성이다. 사랑이 우선되고 사명 위에 어머니의 영성이 있을 때 하나님의 창조 목적대로 뜻을 이루어갈 수 있다. 탕자 아버지의 마음, 마리아의 마음, 삼위일체 하나님의 속성이 어머니영성의 핵심이라 여겨진다.

나는 떨리는 마음으로 내가 가지 않았던 그 좁은 길을 아들 목사에게 소망하고 있다. 그 길이 열방의 끝이 되기 위하여 기도의 골방에 불을 끄지 않으리리 굳게 다짐한다.

골방에서 열방까지…

어머니영성으로 하나님의 대의를 이루기 위해…

chapter 23

은혜영성

은혜영성은 정해진 룰이 아니라 자유함이다. 진리 안에서의 자유함이다. 은혜없는 믿음은 이성적이다. 믿음없는 은혜는 감정적이다. 믿음과 은혜는 함께 동행할 때 승리하는 삶이 이루어진다. 은혜는 값없이 받은 사랑을 말한다. 은혜의 바다에 사랑의 배를 타고 믿음의 노를 저으며 자유롭게 항해하는 삶이 은혜영성이다.

은혜의 신비를 아는가? 은혜는 곱씹을수록 맛이 더한다. 묵상할수록 배가 부르고, 나눌수록 풍성해져 차고 넘치는 신비의 영성이다. 믿음의 수준은 그 믿음이 은혜를 동반하고 있을 때 최고의 가치를 높일 수 있다. 인생이 무엇에 가치를 두는가에 따라 삶의 질이 달라지듯이 은혜는 모든 가치를 새롭게 만들어 준다. 은혜없는 인생은 자신의 가치와 삶의 가치를 소유 내지 자신의 업적에 두고 결핍에 메말라 간다.

그렇다면 한 번 확인해 보자. 나는 절대적 가치를 가지고 있는지, 아니면 상대적 가치를 가지고 있는지 말이다. 절대적 가치를 가지고 있는 사람은 자신 안에서 행복을 찾지만 상대적 가치를 가지고 있는 사람은 비교를 통해 열등감과 우월감을 갖는다. 이것은 은혜 안의 삶이 아니고 영성의 길이 아니다. 은혜는 나를 절대 가치로 만들어 준다.

수준 낮은 믿음은 진리를 기준하지 않고 시대나 문화 그리고 환경과 유행에 선악의 기준을 둔다. 나를 지으신 분의 의도를 모르는 사람은 은혜없이 살 수 있다. 그러나 진정한 영성은 예수님의 생명의 가치와 자신의 가치를 동일시하여 은혜의 바다로 나아가는 것이다. 예수님의 생명은 예수님을 위해 사는 것을 넘어, 예수님이 우리를 통해 나타나도록 하는 것이다. 은혜의 영성은 예수님의 생명이 나를 통해 나타나게 하는 영성이다. 은혜영성은 일이나 업적이 아닌 사랑의 관계에서 출발한다.

한 아버지가 죽음을 앞두고 있는 순간, 딸아이가 묻는다.

"아버지는 언제가 제일 행복했어요?"

"네가 어릴 적 나의 얼굴을 그려줬을 때다."

딸아이는 놀라지 않을 수 없었다. 함께했던 그 모든 날 중에 자신도 제대로 기억하지 못하는 한낱 어린 날에 크레파스로 얼굴을 그린 종이가 그 손에 놓여졌을 때 가장 행복했다니…. 은혜영성이 바로 이와 같은 관계이다.

무엇이 이루어지는 것이 영성이 아니라 관계 안에서 만족하는 것이 은혜영성이다. 우리를 구원하신 하나님은 우리가 어떤 정해진 틀에서 행위하는 것을 원하는 것이 아니라 모든 삶 가운데 깊고 친밀한 관계를 이루고 싶어하신다. 그래서 영성은 형식적인 룰이 아니라 사랑 안에서의 친밀함과 그분을 믿고 신뢰하기에 그분 안에서의 자유함이다. 하나님을 하나님으로 바로 아는 것, 그분 안에서 나는 누구인가를 아는 것, 그분의 창조목적에 따라 나의 사명을 찾아가는 것, 그분의 사랑 안에서 함께 사랑하는 것, 이것이 나를 지으신 하나님을 바로 아는 것이다.

은혜영성의 두 번째 출발은 그분께로의 완전한 맡김이다. 그로 인해 평안을 누리고 소망 중에 기뻐하는 것이 은혜의 영성이고, 이것이 바로 십자가의 삶이다. 나는 할 수 없으니, 나에게 생명을 주신 당신이 나를 이끌어 달라는 것이다. 내 하나님은 전능자이시다. 모든 만물이 있기 전부터 계신 분, 모든 만물을 있게 하신 분, 모든 만물 너머에 계셔서 모든 만물을 주관하시는 분. 이 분이 내 아버지, 하나님이시다.

그분이 나를 사랑하신다. 나를 창세 전에 예정하셨고, 나를 직접 설계하셨고, 나를 만드신 그분은 나의 창조주이시다. 그분이 나를 사랑하시어, 내 이름을 손바닥에 새겨 놓았고, 너는 내 것이라고 말씀하신다. 내가 너와 함께한다. 나는 네 하나님이 된다. 내가 너를 굳세게 하리라. 참으로 너를 도와주리라. 참으로 나의 의로운 오른손으로 너를 붙들리라 말씀하신다. 그분은 나를 사랑해서 독생자로 오셨고, 나를 사랑해서 십자가의 모든 고문과 형벌을 당하셨고, 나를 사랑해서 십자가에 못 박혀 죽으셨고, 나를 사랑해서 지옥형벌을 대신 당해주셨다.

그분이 지금 나의 생명의 주로 나와 함께하신다. 나의 전 생애를 보장하셨고 이루어 가신다. 나는 하나님의 보장 아래 있는 생명이다. 나는 하나님의 완료 안에 거하는 존재가 된 것이다. 이 땅에서도, 영원한 천국에서도 하나님은 나를 보장하신다. 그 보장 안에 있는 존재로서 살아가는 삶의 현장이 오늘의 삶의 현장이다. 바다이든, 광야이든, 그 안에 보장된 자로 살아가는 것이다.

'나는 어디서 왔나?', '나는 하나님께로부터 온 자이다.', '나는 어디로 향하고 있나?', '나는 하나님께로 향하고 있다. 하나님께로 왔기에 반드시 하나님께로 돌아갈 것이다.'

은혜영성의 마침표는 정체성의 고백이다. 내 성별, 내 성격, 내 지능, 내 재능, 내 가치, 이 모든 것들은 내게서 난 것이 아니다. 내가 가진 모든 것들, 그 모든 것들 뒤엔 내 생명의 주인이신 그분의 인도하심과 함께하심과 사랑하심의 결과들인 것이다. 내가 나의 머리카락 하나도 희거나 검게 할 수 없는 것이다. 더구나 나는 값으로 산 몸이 되었다. 나의 옛사람은 예수의 십자가에 못 박혔고, 이제 나는 새로운 피조물이 되었다.

내 몸, 내 환경, 내가 가진 모든 것들이 다 하나님이 내게 주신 은혜임을 알아야 한다. 나의 가치는 예수님께 있다. 나의 소망은 오늘을 통해 만들어진다. 나의 간구는 그의 나라이다. 나는 보장된 자이다. 나는 은혜 안에 사랑을 키워가고 있다. 나는 가난한 것 같지만 풍요롭다. 은혜가 나를 풍요롭게 해준다. 은혜 안에는 풍요와 여유 그리고 측량할 수 없는 사랑이 있고, 그 사랑 안에는 창조적 자아의 무한대의 가치가 있다. 하나님이 아니면 안되는 나이기에 하나님의 무한한 능력을 자신에게 기대하는 거침없는 도전이 은혜영성이다.

중요한 것은 나는 지금 어디까지 이르렀는지, 은혜영성의 깊이와 단계를 잘 감당하며 살아가고 있는지 점검해 보자.

무명한 자 같으나 당신은 유명한 자인가?

죽은 자 같으나 영원한 생명을 소유한 자인가?

근심하는 자 같으나 항상 기뻐하는 자인가?

가난한 자 같으나 많은 사람을 부유케 하는 자인가?

아무것도 없는 자 같으나 모든 것을 가진 자인가?

에덴영성

    가정은 지상 천국인가? 에덴을 가정으로 축소시켜서 하나님의 나라를 맛보게 하셨다면 가정은 지상의 천국이 되어야 한다. 행복, 기쁨, 즐거움, 풍성함, 친밀한 교제가 있는….

    그런데 지금 인생의 즐거움이 가정이 아닌 가정 밖에 있다고 유혹하는 시대에 우리는 살고 있다.

    유대인들은 가정을 신앙생활의 중심이자 삶의 센터로 삼고 있다. 그들은 10명만 있으면 회당을 세우는 교육열을 가지고 있지만 더 중심을 두는 교육의 센터는 가정이다. 그들에게 회당은 가르치는 장소, 교육의 장소이기는 하지만, 회당이 없어져도 유대인은 없어지지 않는다는 유래는 그만큼 가정에서 확실한 교육이 이루어지기 때문이다.

가정의 시작은 마음에서 출발한다. 가정은 우리 생명이 시작되는 곳이며 불완전했던 모습이 점차 완성되어가는 곳, 생명이 자라는 곳이다. 또한 살아갈 삶의 모습이 형성되는 곳이요, 사는 법을 배우는 곳이기도 하며 그리고 삶이 마감되는 곳이기도 하다. 그래서 가정의 행복은 바로 나 자신의 행복과 직결되어 있다.

그런데 이토록 중요한 가정이 무너지고 있다. 가정이 무너지면 사회의 미래가 어두워진다. 더 심각한 것은 외견상 정상적으로 보이는 가정 안에도 남모르는 균열이 자리 잡고 있기에 언제 무너질지 모를 위험에 처해 있다는 사실이다. 가정의 붕괴를 자처하는 각가지 용어를 만들어 좀 더 다른 모습으로 멋스럽게 보이고자 하지만 그 어떤 것도 창조목적인 가정의 형태를 흐트려 놓는 행위는 범죄이다.

오늘날 가정 문제를 여러 가지로 분석해 볼 수 있겠지만, 가장 기본적인 것은 바로 부부관계로부터 시작된다고 할 수 있다. 부부관계가 건강하고 튼튼하다면 크고 작은 문제를 함께 헤쳐 나갈 수 있다. 거침돌이 오히려 디딤돌이 되어 아름다운 가정 공동체를 만드는데 유익하게 된다. 그러나 부부관계에 문제가 있으면 작은 문제에도 무너지며, 헤쳐 나가기 어려운 무서운 암초로 변한다. 부부관계의 위기는 다른 많은 가정 문제와 사회 문제의 출발점이 된다. 따라서 부부관계를 위기로 몰아넣을 수 있는 요인들을 우리는 진지하게 살펴보아야 한다. 작은 균열이 더 심각한 결과를 낳기 전에, 작은 허물어짐이 전체를 무너뜨리기 전에 말이다.

가장의 질서와 각자의 역할 분담과 가정을 이루는 축과 중심 분야 등은 가정을 세우느냐 무너뜨리느냐의 답을 가지고 있다. 지나치게 높아진 학구열이 가정을 문제 되게 하는 요인 중의 하나가 되었다. 말한 것과 같이 가정의 중심체계가 부부 중심에서 자녀 중심으로 흐르면서 생긴 부분이 크다.

부부관계의 위기는 누구에게든 올 수 있고, 인식하지 못하는 사이에 찾아올 수도 있고 한순간이 아닌 일평생 지속될 수 있다. 창조목적에서 빗나간 가정은 가족의 모든 구성원 역시 창조의 목적에서 빗나갈 수 있다.

부부관계의 위기는 근본적으로 마음의 문제에서 비롯된다. 각자의 마음에 병이 생기면 관계는 흐트러질 수밖에 없다. 피조물인 우리는 창조의 질서에 서 있지 않으면 시간이 지남에 따라 마음에서부터 문제가 생기기 시작한다. 생각과 감정 그리고 행동의 결정이 위험해진다. 가정은 마음을 자라게 하는 마음의 천국이 되어야 한다. 가정을 성전으로 삼아라.

이 땅의 천국과 같은 멋진 작품을 그리고 싶어 하는 화가가 곧 결혼을 앞둔 신부에게 세상에서 가장 아름다운 것이 무엇이냐고 물었다.

"사랑이지요. 사랑은 가난을 부유하게, 적은 것을 많게 하지요."

이번엔 목사에게 똑같은 질문을 던졌더니, "믿음입니다. 믿음은 천국을 바라보게 합니다."

그러나 그보다 더 아름다운 것이 있을 것만 같아서 지나가는 한 지친 병사에게 물어 보았다.

"평화가 가장 아름답고, 전쟁이 가장 추하지요."

순간 화가는 이 모든 것을 한데 모으면 멋진 작품이 될 것 같다고 생각하며 집으로 돌아왔는데, 아이들 눈에서 믿음을, 아내의 눈에서 사랑을 발견하고서는 가정이야말로 진정한 평화가 있는 곳임을 깨닫고 세상에서 가장 멋진 작품을 완성했다.

그 그림 제목은 〈가정〉 이었다.

지금처럼 모든 것이 어려울 때일수록 가정은 참된 쉼터가 되어야 한다. 전쟁터에서 가족사진을 가진 사람이 생존율이 높다는 것은 아무리 어려운 상황에서도 가족은 모든 두려움을 이기게 하는 큰 능력임을 증명해 주고 있다. 세상에서 가정만큼 소중한 것이 없다는 것을 머리로는 잘 이해하면서도 10쌍 중 4쌍이 이혼하는 것이 오늘의 현실이다. 가정이 천국이라고 말하면서 왜 이혼율은 높아만 가는가? 가정이 가정으로서의 기능을 상실했기 때문이다.

우리에게 주신 가정은 생활 성전이 되어야 한다. 가정에서 아버지의 자리는 단순한 가장이 아니라 영적으로 제사장의 역할을 해야 한다. 가정이 성전이 되어 거룩과 성결의 통로가 된다면 우리 사회의 변화는 기대할 수 있다. 하지만 사회의 변화를 가정에서 찾지 않는다면 사회적 문제는 어려운 문제가 된다. 거룩하게 구별된 가정은 행복의 에덴이요, 생활 성전이 된다는 것이 중요한 핵심이다.

건강한 가정을 위해 사랑의 보험을 들어라. 사랑과 행복은 함께 동행하는 동반자이다. 행복은 집의 평수와 상관이 없다. 수입과도 지위와도 상관이 없는 것이 행복이다. 행복한 가정의 특징 중 하나는 대화를 많이 한다는 것이다. 그러므로 가족간의 대화를 깨는 주요 원인을 찾아 차단할 수 있어야 한다.

대화는 느낌을 솔직하게 표현해야 한다. 가정에서 어떤 규칙들이 지켜지지 않는다면, 잘못을 비난하기 전에 그 일에 대한 자신의 생각을 즉시 정확하게 전달하는 것이 중요하다. 그 때 표현하지 않으면 일상적인 일이 되어 우선순위와 가치관에 혼란이 오면서 일방적으로 상처를 받게 된다. 원활한 의사소통을 위해서는 또한 상대방의 마음과 말을 잘 들을 줄 알아야 한다. 이것은 쉬운 일이 아니므로 인내가 필요하다. 말을 잘 하는 사람은 잘 들어주는 사람이다. 아이들이 말할지라도 중간에 끼어들지 말고 경청하는 모습을 보여주면서 중간에 "그래요?", "그래서 어떻게 했어?" 라고 동의를 해 준다.

인간은 언어적 존재이다. 말을 통해 자신을 드러내고 상대를 알 수 있다. 비난 대신 칭찬을, 무시보다는 존중을, 비교하는 것보다는 인정을 통해 가정 천국을 이룰 수 있다. 올바른 의사소통을 위해서는 이러한 언어적 메시지보다 더 중요한 것이 바로 비언어적 메시지이다.

조사에 의하면 메시지 전달에서 말은 7%, 목소리는 38%를 차지하지만, 비언어적인 태도는 55%에 달한다고 한다. 곧 대화할 때 음성이나 얼굴표정, 눈빛, 자세, 몸짓 등이 대화 내용보다 더 중요하다는 것이다. '너희들은 엄마, 아빠의 기쁨이야!' '나는 당신이 할 수 있다고 믿어요.' '별일 없지? 차 조심해.' '그래도 우리 엄마가 더 예뻐.' '고마워, 사랑해!' 보험으로 경호원으로 지킬 수 없는 우리 가정을 이해와 인정 그리고 사랑스런 대화를 통해 지키고 천국을 만들어 갈 서로에게 '아자!'를 외치고 싶다.

하나님은 이 땅의 천국을 가정을 통해 경험하게 하셨지만, 작은 여우들은 오늘도 쉼 없이 우리의 가정을 허물고 있다. 돈만, 성격만, 환경만 핑계하지 말고 나와 다름을 인정하고 상대를 인정하여 이 땅의 천국을 지키고 유지해 나가자. 의사소통과 기도를 통해 행복은 돈에 있지 않음을 아는 지혜자가 되라. 가정이 행복 발전소가 되게 하라.

미국의 내브라스카 대학에서 세계 각국의 행복한 가정 3000 가구를 선택하여 연구 결과를 발표했다. 공통적인 부분은 가족들이 가정에 대하여 헌신적이었다. 가족들이 함께 보내는 시간이 많았다. 가족 간에 의사소통이 잘되고 있었다. 서로에 대하여 감사하는 부분이 높았고 표현이 상당이 구체적이었다. 신앙심이 두터워 자신의 한계를 극복하는 힘이 있었다. 질서가 있었고 순종하는 가정이었다. 아버지가 절대자 하나님께 순종하고, 어머니가 남편에게 순종하면 자녀들은 순종을 배우게 된다.

반면에 역기능 가정의 공통점은 가정이 권위와 아집에 사로잡혀 있었다. 문제 해결 능력이 결여되어 있었다. 더 심각한 문제는 서로에게서만 문제를 찾는다는 것이었다. 쉽게 포기하는 성향이 있었다. 소망이 없다는 것이 공통적인 역기능 가정의 형태였다.

가정이 행복 발전소가 되어야 하는 이유는 많다. 행복의 에너지를 가정에서 받아 각 분야에서 최상의 빛을 발하는 것이 가정이 세워진 목적이기 때문이다. 가정은 축복의 그릇이다. 서양 속담에 "가정은 세상에서 제일 큰 그릇이다. 세상에서 제일 큰 기관은 가정이다." 라는 말이 있다. 가정이 건강해야 세상이 소망이 있고 개인의 능력이 발휘된다는 뜻이다. 가정을 통해 주시는 축복은 정복하고 다스리는 축복, 나누고도 풍성히 남는 축복, 자녀의 기업이 번성하는 축복 등 모든 축복의 통로가 된다. 가정이 축복의 통로, 그릇이 되려면 원망과 불평은 금기어가 되어야 한다. 어떤 상황에서도 정직과 솔직함이 가장 큰 용기임을 증명해 주어야 한다. 가정에는 하나님을 기준으로 한 원칙과 진리가 세워져야 한다. 문제가 생길 때면 먼저 기도의 자리로 안고 나아가야 한다. 마음의 폭은 기도의 폭이고, 기도의 폭은 사명의 폭이고, 사명의 폭은 열매의 폭이다.

첫 에덴동산에는 4대강의 물줄기가 축복의 통로였다. 가정이 성전이 되려면 보혈의 강을 통해 축복을 회복해야 한다. 보혈의 강이 가정 에덴에서 흐르게 된다면 축복을 기대할 수 있다. 십자가의 보혈이 흐르는 가정은 십자가의 정신과 사랑과 서로를 위한 희생으로 사랑과 축복이 회복된다. 그 안에서 흐르는 보혈의 강은 비손강이다. 풍성하여 생육하고 번성하고 성장하고 발전하여 증가되는 은혜의 강이다. 보혈이 흐르는 비손강은 '터져나간다' 라는 뜻을 가지고 막히지 않고 돌파되는 은혜의 강이다.

"할 수 있거든이 무슨 말이냐 믿는 자에게 능치 못함이 없느니라."

힛데겔의 강은 '화살처럼 빠르다' 라는 의미로 통찰력과 기운찬 에너지 그리고 하늘의 능력을 말한다. 티그리스, 유브라데에 흐르는 보혈의 강은 '달콤하다', '결실하다', '풍부하다' '열매'를 말한다. 작정하시고 부어주시는 4대강의 은혜가 성전화 된 가정, 에덴에 임한다. 그리스도의 보혈이 가정의 지붕을 덮게 하라. 그 안에서 용서와 사랑, 그리고 화평의 열매가 열릴 것이다.

에덴의 땅(가정)에 불법 건물을 짓지 말라. 가정은 하나님의 자리가 마련될 때 건강하게 유지된다. 가정의 불법 건물은 하나님의 자리에 다른 것이 앉게 되면 그때부터 허물어지기 시작한다.

부부간에 동상이몽하지 말아라. 부부로 중심이 되는 가정이 깨끗하고 견고하게 터를 닦지 않으면 그 가정은 에덴이 될 수가 없다. 터를 닦으려면 헌 집을 헐어내야 한다. 과거를 지우고 과거를 부수어 제거해야 한다. 낡은 건물 위에 새 건물을 올릴 수는 없다. 새 부대에 새 술을 담아야 맛을 유지할 수가 있다. 부부는 한 몸이라는 말씀의 깊이는 어떠한 상황에도 틈을 주지 않기 위한 일심동체를 말하는 것이다. 하나님 앞에서 부끄럽지 않는 부부, 부부가 벌거벗었으나 부끄럽지 않은 부부는 빛의 옷을 입고 있다는 증거이다.

에덴의 가정이 무너진 이후 사람들이 가정에 대한 태도나 역할이 이기적이고 타락되었다. 가정에서 자신의 편리를 위해 받아야 하는 서비스를 너무 당연하게 요구한다. 그러나 가정은 서비스를 받는 곳이 아니다. 에덴으로 회복한 가정은 서로가 사랑으로 희생한다. 한 사람의 일방적인 희생이 아니라 은혜 안에서 서로의 희생이 에덴을 만들어 주는 것이다. 즉 사랑하기에 따라오는 희생, 십자가의 희생과 십자가의 사랑이 실천되어야 하는 곳이 바로 가정이다. 가정은 사랑으로 만들어진 희생과 섬김의 공동체이다. 회복된 가정은 에덴의 축복을 기대하라.

에덴영성으로 창조의 축복을 회복하자.

눈물의 씨앗이 열매가 되다

1. 좁은 길을 선택하라
2. 하늘의 능력을 끌어다 사용하고 하늘의 능력,
   영권을 사용하라
3. 외식하지 마라
4. 예수님의 겸손을 닮아라
5. 행복해라! 예수님으로…

　나에게 어머님은 유일무이하신 분이시다. 모든 사람들이 나를 겉사람만 보고 평가할 때 나의 속사람에 관심을 갖으신 분이시다. "다 잘 될 거야" 라는 무책임한 말을 던진 사람들과 달리 나의 아픔에 같이 아파해주신 분. 모진 비난과 어려움 속에서도 나를 포기하지 않으시고 금식으로 기도하시면서 중보기도를 쉬지 않으신 나의 일생일대의 은인이신 어머님. 하나님의 사랑을 한 사람을 통해 경험하지 못한 사람은 결코 알 수 없는 은혜를 나는 체험하였고 지금의 나를 있게 해주신 어머님.

하나님은 독생자, 아들을 내어 주시고 포기할 수 없는 사랑으로 인내하신다. 그 사랑을 나는 어머니를 통해 실제적으로 경험한 사람이다. 하나님의 뜻을 따라 성령님과 동행하시는 그 기도와 영성의 길을 나도 조심스레 따라가기로 다짐한다.

2019년 5월 말, 아들 목사에게 어머님은 5대 강령을 주시고 단기 선교를 마감하셨다. 미국에서 8년가량 선교사로, 담임목사로 섬기는 아들 목사의 한계를 잘 파악하신 어머니는 선교사로, 목사로 내가 가야할 길을 제시해 주셨다.

1. 좁은 길을 선택하라 (마 7:13-14)

넓고 편한 길이 너무나 많지 않던가? 예수님은 반드시 좁은 문 그리고 좁은 길로 가라고 하시지만 원수는 넓은 문과 길을 제시하며 유혹한다. 조금 더 나를 과장되게 표현하면 나를 더 큰 사람처럼 보일 수 있다고 미혹하고 말씀을 선포한 뒤 그것을 살아내려는 몸부림은 건너뛰라고 손짓한다. 그러나 끝까지 복음의 진수를 품고 가는 사명자는 반드시 그 미혹과 손짓에 흔들려서는 안 된다. 왜냐하면 예수님의 말씀은 진리요, 그 진리에서 벗어나면 나는 자유함을 반납하는 올무에 빠진다.

나는 사명자로 불러주신 하나님의 은혜 앞에서 말씀을 벗어나는 것은 기차가 레일을 이탈하는 상황과 동일하다고 생각한다. 성령님을 의지하여 생명으로 인도하는 좁은 문을 체험하며 그 좁은 길을 우리 성도들과 이웃들에게 나누고 싶다.

2. 하늘의 능력을 끌어다 사용하고 하늘의 능력, 영권을 사용하라.

하늘의 능력을 어떻게 끌어다 사용할 수 있는가? 기도와 금식 외엔 이러한 유가 나갈 수 없다고 예수님은 말씀하셨다. 영적인 싸움에서는 영적인 파워가 반드시 필요하다. 그러나 기도와 말씀으로 무장되지 않고, 축적된 기도가 없다면 영적 전쟁에서 패배는 물론이고 하나님의 영광을 가리는 일이 발생한다.

어머님은 늘 내게 기도를 강조해주셨다. 사실 어머님은 평생 기도와 금식에 몸과 마음을 바치신 분이다.("기도는 내 인생의 완전정복이다"라는 저서를 읽어보기를 권면한다.) 그러한 깊은 영성에 나는 턱없이 부족하다. 그러나 "황무한 미국 땅에서 영혼들을 주께로 인도하며 예수님의 제자로 훈련시키는데 하늘의 능력과 영권 없이는 안 된다"라는 비밀을 전달해 주셨다. 미국의 현재 추세는 탈기독교 사회이기 때문에 기도로 돌파하는 방법만이 부흥과 각성의 성령 역사를 이루어 나갈 수 있다고 확신한다.

3. 외식하지 마라.

예수님께서 가장 싫어하셨던 외식하는 사람들. 예수님이 그들을 엄하게 다루셨던 것을 기억하는가? (마 23:1-12) 나는 바리새인들과 서기관들을 절대로 저평가 하지는 않는다. 마치 우리는 그들과 같지 않을 것이라고 판단하는 것은 위험하다. 저들의 종교적 열심과 열정은 인정한다. 그러나 예수님의 접근은 그들의 외적인 열심과 열정에 비해 속사람의 공허함과 이기심을 적나라하게 드러낸 것이다. 누군가의 인정을 받기 위해 또한 생계를 유지하기 위해 열심히 사역하는 종교 지도자들이 왜 없겠는가?

마태복음 23장 26절에 나오는 예수님의 가르침처럼 "안을 먼저 깨끗이 하라 그리하면 겉도 깨끗하리라"에 순복한다. 그리고 깊은 찔림도 느낀다. 왜냐하면 속사람의 공허함과 이기심은 그 누구에게나 찾아올 수 있는 반갑지 않은 손님이기 때문이다. 그 반갑지 않은 손님을 어떻게 대처하느냐가 중요하다. 집안에 들이면 문제가 커진다. 반드시 기도와 말씀으로 그 뿌리를 찾아내 장갑을 끼고 그 독초를 제거하는 작업에 몰두하는 지혜가 필요하다. 그리고 다시는 찾아오지 못하게 내면의 주소를 "예수님 1번지"로 바꿔야 한다. 그 이전 주소는 물론 나의 옛 자아, "조.현.준 1번지" 이었다.

4. 예수님의 겸손을 닮아라.

예수님은 이 땅에서 사역을 능력으로 완성하시기보다는 겸손으로 완성하셨다.

"그는 근본 하나님의 본체시나 하나님과 동등 됨을 취할 것으로 여기지 아니하시고 오히려 자기를 비어 종의 형체를 가져 사람들과 같이 되었고, 사람의 모양으로 나타나셨으매 자기를 낮추시고 죽기까지 복종하셨으니 곧 십자가에 죽으심이라"

(빌 2:6-8).

사도 바울은 명쾌히 예수님의 겸손을 표현해준다. 아버지의 뜻 앞에 복종하셨으니 곧 십자가의 죽으심이라고 말한다. 예수님의 겸손은 곧 능력이다. 그 겸손을 닮기 원하지만 턱없이 부족한 나를 발견한다.

겉만 겸손하면 무슨 소용인가? 속사람이 겸손하여 우러나오는 외적인 반응은 섬김과 순종이다. 겸손에서 나오는 순종만이 창조의 설계도를 완성할 수 있고 아버지의 뜻을 이루어낼 수 있다. 능력이 뜻을 이루어내는 것이 아니라 겸손 안에 순종이 하나님의 뜻을 완성한다는 비밀을 잊지 않으리라.

5. 행복해라! 예수님으로…

당신은 예수님 한 분만으로 행복한가? (충만)

예수님이면 충분한가? (자족)

예수님이 인생의 해답이라 믿고 있는가? (평안)

무엇을 성취하고 업적과 성과를 이루어야만 행복하다면 아직 행복의 고등단계에 못 미친 것이다. '예수님 한 분만으로 행복해라' 라는 어머니의 당부는 나의 존재 가치를 누구에게 두고 있는지 점검해주시는 중요한 덕목이다. 나의 존재 가치를 옛된 자아의 기준으로 삼는다면 나의 이득과 성공에 반하는 어떠한 상황도 용납 못하는 아신교 신자이다.

그러나 나의 존재 가치를 예수 그리스도에게 두고 믿음으로 나아간다면 예수님을 따르며 발생하는 모든 일에 대해 감사하며 감격으로 순복하게 된다. 그리고 그러한 순복과 순종의 길은 진정한 행복을 만든다. 내면 깊은데서 흘러넘치는 행복은 나의 존재 가치가 예수와 함께 죽었고 다시 살아난 참된 자아에서 흘러나온다.

어머님의 5대 강령은 나에게 귀중한 지표가 되어 기도 제목으로 품고 기도하며 목회현장에서 성도들과 나누고 있다. 신비로운 것은 목회자가 행복해지니 성도들도 행복해지는 은혜를 목격하고 있다. 그리고 성령님을 사모하는 목회현장 가운데 영적으로 무딘 미국인들이 변화되는 것을 보고 있다.

결국 어머님의 골방에서 열방으로의 기도는 아들 목회자 부부를 통해 지금 미국 청교도 신앙의 근거지인 보스턴에서 조금씩 싹트고 있음을 믿는다. 어머님의 눈물의 기도는 헛되지 않았다. 그 눈물이 아들 목사 안에서 씨앗이 되었고, 하나님께서는 상황과 환경을 조정하시며 그 생명을 싹틔우시는 작업을 계속 진행하고 계심을 믿는다. 영성의 길은 결국 생명의 길이며 그 생명의 가치를 깨달은 자는 모든 것을 바쳐서 생명을 위해 헌신한다.

고로 우리 어머님의 헌신은 아들 목사를 세우고 계속 거룩의 길을 갈 수 있는 발판을 마련해주셨다. 아들 목사는 어머님의 영성의 끝에서 시작할 수 있게 된 은혜의 역사다. 부족하지만 나는 그 사명 앞에 오늘도 겸손히 무릎 꿇고 주님과 동행을 결단한다. 한 영혼을 품고 열방으로…

보스톤 댄버스 교회에서
아들 Pastor. Elisha

깊은 영성에 동승하기를 소망하며…

'깊은 우물' 이라는 닉네임으로 끊임없이 영성의 길을 걷기를 소망하시는 나의 어머니, 어머니의 영성에 함께 동승하여 깊은 영성에 동행하기를 소망합니다.

2007년, 어머니께서 「기도는 내 인생의 완전 정복이다」라는 자서전을 쓰셨던 때를 기억해 봅니다. 조금 특별하지만, 유학 중에 있는 딸을 동참시켜 주었던 생각이 납니다. 12년 후, 그 딸은 한 사람의 아내로, 두 아이의 엄마로, 그리고 사모와 전문인으로서 막 걸음을 떼게 되었습니다.

진실하게 목회하시며 선교의 마인드를 가지고 계신 아버지와 평생을 기도로 영성의 길을 사모하시는 어머니는 나에게 세상의 누구도 부럽지 않은 부모님이십니다. 나의 인생에 가장 큰 영향력을 끼친 분은 단연코 나의 어머니이십니다. 단순히 육적인 어머니 그 이상의 존재이시고, 영적인 멘토이신 어머니의 자녀이고 딸이지만, 동역자십으로 때로는 인생의 벗으로, 나아가서는 어머니의 희망으로 적절하게 자리를 이동하시며 삶의 지침이 되어 주시니 감사할 뿐입니다.

어머니는 지난 3개월 동안 산후조리차 미국에 방문하셨지만, 기도하시면서 함께하는 3개월을 단기 선교라 선포하셨습니다. 특히 미국교회와 성도들의 영적인 상태를 가슴 아파하셨고, 이 시대를 위한 극단의 조치로 저희 부부에게 사명자가 무엇을 해야 하는지, 하나님이 요구하시는 핵심을 성령님을 통해 전달하시고, 숨 가쁜 기도가 필요함을 외치셨습니다.

남들처럼 평범하게 딸의 산후조리를 도우시기보다는 더 멀리, 더 깊이 우리 부부의 영성과 사명을 위해 "행복한 동행"이라는 타이틀을 붙이시고, 삼위일체 하나님과 동행, 사명을 위한 십자가의 길, 소수의 사람으로 남기 위한 지침들을 나누고, 우리에게 소개해 주셨습니다. 그 어떤 상담, 성경공부, 기도시간과 비교할 수 없는 영성훈련의 시간을 갖는 축복을 누렸습니다. 비록 힘들고 고통스러운 시간도 있었으나, 다시없을 귀한 훈련과 배움의 시간을 통해 각자의 강점과 앞으로 보완해야 할 훈련 포인트들을 정리할 수 있는 은혜의 시간이 허락되어서 감사했습니다.

어머니께서는 이 귀한 깨우침을 더 많은 사명자들과 나눌 수 있는 통로로 이것을 책으로 담아내겠다 하셨고, 누구보다 어머니 자신의 영성을 위한 기도의 발판이 될 것이라는 말씀이 감동이 되었습니다. 남편과 저는 감동받았던 순간들을 떠올리며 이 동행의 증인으로 남고 싶습니다.

어머니께서는 귀국을 앞두고 선교지에 남을 우리 부부를 위해 각각 5대 강령을 남기시고 당부하셨습니다.

첫째, 육체의 게으름을 벗어버리라.

게으름은 영적으로 불법 건물을 지은 것과 같다고 하시며 사모로, 두 아이의 엄마로, 전문인이 되기 위한 학문으로, 일인다역을 해야 하는 나에게 핵심 포인트로 거룩한 동기부여를 시켜 주셨습니다. "내게 능력주시는 자 안에서 나는 모든 것을 할 수 있다" 라는 말씀을 스스로에게 선포하며 더 나아가 하나님을 웃게 하는 자가 되라고 하셨습니다. 또한, 불법건물을 헐어 버리고 은사로 새집을 지으라 하셨습니다.

둘째, 하늘의 지혜를 끌어다 사용해라.

근시안적인 눈으로 섬세함을 갖지만, 원시안적인 눈으로 멀리 보고 오늘을 사는 지혜를 말씀하셨습니다. 무엇보다 영안이 열려 하나님의 관점으로 볼 수 있는 지혜를 구하라 하셨습니다.

셋째, 사명에 열정을 가져라.
사명이 너를 창조적인 사람으로 만들어 줄 것이다.
사명이[너]를 [너]되게 해 줄 것이다.
사명은 [너]를 기하급수적으로 성장하게 하고 성숙시켜 갈 것이다.

넷째, 많이 웃어라.
항상 기뻐하고, 범사에 감사하고, 쉬지 말고 기도해라. (살전 5:16-18).

다섯째, 사역 이상의 마음을 넓혀라.
열방의 어미의 마음을 품어라.
단순히 내 아이의 엄마, 내 교회의 사모, 어미의 마음을 뛰어넘어라.

하나님 나라의 어머니영성으로, 여성, 아내, 어머니의 완전한 정체성을 갖고, 하나님의 창조 목적을 이루어 내거라.

나는 이 다섯 가지 당부의 메시지를 인생의 강령으로 삼고, 계속해서 기도하며 몸부림칠 것입니다. 나는 아직도 어머니의 깊은 기도와 영성에 한참 모자라는 딸, 동역자입니다. 그럼에도 불구하고 우리 부부를 사랑으로 안고 오셨고, 때로는 업고 오셨고, 때로는 앞에서 끌어 주시고, 뒤에서 밀어 주셨지만, 이제는 함께 동행하자 하십니다. 아직 턱없이 부족하지만 계속해서 영적인 훈련을 통해 "행복한 동행"에 동승하는 것이 감사한 일이지만, 어머니 영성에 발을 맞추려면 날아야 할 것 같고, 뛰어야 할 것 같고, 쉬지 않고 달려도 부족합니다. 그래도 함께할 수 있다는 것이 너무도 큰 소망이고 행복입니다.

한 가지 분명한 것은 어머니의 사랑과 영적인 가르침이 나를 더 나은 사람, 하나님의 마음을 더 이해하고 깨닫는 만큼 어머니의 깊은 사랑도 함께 깨달아지리라 생각합니다. 따르는 사명자로, 순종하는 사명자로, 하나님의 설계도를 완성시키는 사명자로 분발하고 만들어가고 있음을 믿어 의심치 않습니다.

하나님께서 어머니를 이 땅에 허락해 주시는 그 때까지 나와 남편, 그리고 어머니, 우리 "삼겹줄"의 "행복한 동행"은 거룩과 성결, 그리고 각자의 사명을 위해 계속 이어져 갈 것입니다. 어머니의 마지막 골방이 자녀 된 우리에게는 열방의 끝이 되기를 간절히 소망합니다.

　나에게 기도하시고 사명에 올인하시며 영성의 길을 걸으시는 어머니를 허락하신 하나님께 진심으로 감사를 올려 드립니다.

보스톤에서 딸 생명수로

　　나의 일상의 도전기를 「행복한 동행」이라는 한 권의 책으로
담아내는 것을 마치면서 나에게 여백과 여유로움을 선사해 준
내 남편 목사님과 아들 목사 내외, 성도들 그리고 이 책에 여러
모로 동승해 준 사역자들에게 감사의 마음을 전한다.

　　나는 30년을 넘게 섬에서 남편의 목회사역을 동역하면서 돕
는 배필로의 역할을 하고 있다. 우리 부부가 처음 목회를 시작
할 때 약속한 것이 있다. 우리는 어디서 목회를 하던지, 하루를
살아도 평생을 살 것처럼 살고, 평생 있어야 한다 해도 하루를
살고 떠날 것처럼 올인하자는 것이었다. 나름대로 우리 부부는

30년을 목회하면서 완전하지는 않지만 잘 지키고 살아온 것 같다. 서로의 짐을 나누어지면서…

　하지만 내 안에는 사역에 있어 완벽할 수 없었고 남편의 아내로 내조의 부족함이 없을 수 없었다. 나름대로 기도에 전념하고 양떼를 사랑하려 애쓰지만, 최선이라는 단어 앞에는 하나님 앞과 남편과 성도들에게 미안함과 아쉬움을 가지고 있다. 하지만 아쉬움과 자책보다, 나는 도전의 도전을 선포한다. 가장 질 좋은 섬김과 사랑을 가르쳐 주신 예수님을 바라보면서 깨달은 것은 최상의 질로 섬기려면 '나' 자신이 행복해야 함을 알게 하셨다. 내가 행복해야 사역도 남편도 사랑하는 자녀나 성도들에게도 질 좋은 사랑과 섬김이 나온다는 것이다. 질 높은 사랑으로… 이것이 내가 바라보고 나아가는 영성의 길이다.

　사랑은 하나님께로부터 내려온다. 그 사랑을 받아 낼 인격의 그릇을 만들어 가는 것이 영성이다. 깨끗한 그릇, 견고한 그릇으로 담아 넘치게 하는 것이 내가 추구하는 영성이다. 나를 행복하게도 불행하게도 하는 것은 생각과 가치관이다. 생각의 변화는 나를 삶의 지옥에서 천국으로 바꾸어 놓는다. 때로는 아주 작은 부분이지만, 환경이 나의 길을 막고 있다고 생각했을 때가 있었을 것이고, 남편의 인지도에 내 이름을 실어보고 싶은 마음이 있었을 것이다. 나보다 나를 더 잘 아시는 주님이시다. 가나안 입성에서 가장 먼저 깨달은 것이 바로 이것이었다. 주님이 물으신다.

"지금의 너를 사랑하느냐?"

주저하지 않고 입에 침을 바를 겨를도 없이 대답한다.

"물론이지요."

"그럼 지금의 너로 만족하느냐?"

"미래의 나를 기대하기 때문에 만족합니다."

대답이 미궁이다. 주님이 다시 말씀하신다.

"지금의 너, 너가 소망하는 앞으로의 너는 남편이 인내해주고, 견뎌주고, 버팀목이 되어 지지해 주었기에 가능했고, 분주하거나 화려하지 않고 여유와 여백을 만들 수 있는 환경 속에서 인도하신 은혜의 결과이다."

이것을 깨닫게 하시는데 나는 여기서 한 번 더 무너지고 깨어지고 감동 속에서 새롭게 일어난다. 남편에게 직접 듣는 것이 아니라 하나님의 방법으로 알게 하시니 남편에 대한 존경과 사랑이 배가 됨에 감사할 뿐이다.

수잔나와 요한 웨슬리 목사님의 관계가 떠오르면서 소망가운데로 이끄신다. 아버지 사무엘 목사님과 어머니 수잔나 사모님을 통해 신앙의 영향을 받아 존 웨슬리 형제가 위대한 인물이 될 수 있었다. 나의 나 된 것은 어머니의 기도와 그의 철저한 신앙교육에 의한 것이라는 존 웨슬리의 말이 사실로 입증되었으며 어머니 수잔나가 메도디즘의 영성가였음이 도전이 되었다. 아버지 사무엘 웨슬리와 어머니 수잔나는 평생 평온한 시골 한 촌에서 사역을 하였지만, 어머니 수잔나는 자녀들을 골방영성, 메도디즘의 영성으로 키워낸다. 아버지의 진실함과 성실함의 뿌리와 어머니의 기도와 철저한 신앙의 규칙, 그 좁은 길에서 아들들이 하나님의 사람으로 세워지고, 특히 요한 웨슬리 목사님은 세계를 나의 교구로⋯ 열방의 담을 타고 18세기의 영국과 미국의 대 부흥을 일으키는 시대의 영향력 있는 한 사람이 되었다.

내가 있는 곳이 골방인가? 영적인 골방은 장소의 문제가 아니라 나의 신앙의 문제이다. 수잔나는 19명의 자녀를 키우면서 자녀들에게 환경을 바꾸어 주는 맹모삼천지교의 어머니가 아니라, 사랑과 희생으로 삶의 모델이 되어 주는 한석봉 어머니 유형이었다. 수잔나는 자녀들에게 기독교의 근본 교리를 가르치고 하루에 세 번 자신을 성찰하라고 가르쳤다. 수잔나는 여성 최초의 설교가라 불릴 정도로 설교를 잘 하였으며 존 웨슬리의 신성회를 위해, 웨슬리를 위해 기도해주고 기도의 응답을 편지로 격려하는 영성가였다. 수잔나는 진정한 청교도의 딸이었으며, 기도로 사랑으로 질 높은 섬김으로 돕는 배필이었으며, 그리고 진정한 메도디즘의 영성의 어머니였다.

나는 나의 영성의 길에 동승자가 있다. 사랑하는 나의 자녀들, 함께하는 영적인 자녀들이 나의 동반자이다. 나는 어머니영성으로 골방에서 열방을 품고 기도한다. 열방의 담을 타고 뻗어 나아갈 소수를 위해 기도한다. 나는 무릎으로 세계 어느 곳이든 갈 수 있기에 그들이 열방의 담을 타고 넘어 갈 수 있는 영적인 발판이 되어 줄 것이다. 무한대로 성장하며 요한 웨슬리 목사님의 정신으로 세상을 교구삼아 복음으로 변화시킴에 있어 한 부분을 능히 감당해 내는 사명자들로 쓰임 받을 수 있는 소수의 사람이 되길 기대하며, 오늘도 기도의 자리로 초대해 주시는 성령 하나님과의 만남을 기대한다.

「행복한 동행」으로 담아낸 24가지의 영성은 나로 하여금 사명의 길을 감에 있어 더 좁은 길을 가되, 자녀들 중에 나를 앞서 피의 길을 걷는 자들이 나오기를 기대한다. 영성의 길은 새로운 도전과 소망으로 원대한 하나님의 계획하심을 이루어 가시는데 도약의 발판이 되어 줄 것을 확신한다.

골방에서 열방까지….

베데스다의 영적 골방에서

깊은 우물